U0946549

零距离未来

互联网时代商业模式

中国财富出版社

图书在版编目（CIP）数据

零距离未来：互联网时代商业模式 / 苗慧芳著 . —北京：中国财富出版社，2018. 10

ISBN 978 - 7 - 5047 - 6783 - 7

Ⅰ. ①零…　Ⅱ. ①苗…　Ⅲ. ①互联网络—商业模式—研究　Ⅳ. ①F713. 36

中国版本图书馆 CIP 数据核字（2018）第 240056 号

策划编辑 谢晓绚　　**责任编辑** 张冬梅　周　畅

责任印制 梁　凡　　**责任校对** 孙会香　卓闪闪　　**责任发行** 董　倩

出版发行 中国财富出版社

社　　址 北京市丰台区南四环西路 188 号 5 区 20 楼　　**邮政编码** 100070

电　　话 010 - 52227588 转 2048/2028（发行部）　010 - 52227588 转 321（总编室）

010 - 68589540（读者服务部）　010 - 52227588 转 305（质检部）

网　　址 http://www. cfpress. com. cn

经　　销 新华书店

印　　刷 北京京都六环印刷厂

书　　号 ISBN 978 - 7 - 5047 - 6783 - 7/F · 2946

开　　本 710mm × 1000mm　1/16　　**版　　次** 2019 年 1 月第 1 版

印　　张 13. 5　　**印　　次** 2019 年 1 月第 1 次印刷

字　　数 221 千字　　**定　　价** 45. 00 元

前言
FOREWORD

互联网如同一缕春风，让许多衰退的产业恢复了往日的生机。有人认为，互联网就像魔术师的手，能够化腐朽为神奇；还有人认为，互联网不仅改变了人与人之间交流的方式，也改变了整个商业世界。为了成为互联网蓝色海洋的弄潮儿，许多企业选择互联网，选择“+互联网”或者“互联网+”的商业模式，带动企业进行转型。还有一些完全由互联网催生出来的新事物，比如区块链、微信小程序、物联网、共享经济等。如果说之前，企业之间的竞争是人才的竞争，那么21世纪，企业之间的竞争则是商业模式的竞争。

鲜花饼是云南的一种特色食品。它的传统营销方式有两种：一种是靠发展旅游业带动产品销售；另一种是靠街头摆摊销售。这两种营销方式，说白了都是“推销”，是非常受局限和被动的，本质上不会使产品的命运发生质的变化。于是，一些极客①建立了“工具+社群+微商”的模式。工具，就是互联网社交软件，比如QQ、微信、微博等；社群，就是通过社交软件构建的朋友“粉丝”圈；微商，是基于工具，以社群为中心的一种新的营销模式。将三者有机结合起来，就形成了一种朋友圈的商业模式。通过这种模式，他们将云南的鲜花饼卖到了全国各地，让许多没有去过云南的朋友也认识和品尝到了鲜花饼。

管理学大师彼得·德鲁克表示，当今企业之间的竞争，不是产品之间的竞争，而是商业模式之间的竞争。谁能够借助互联网的力量率先一步转变，

---

①极客：美国俚语“geek”的音译，现多指在互联网时代创造全新的商业模式、尖端技术与时尚潮流的人。

谁就有可能成为第一个吃螃蟹的人。由此可见，互联网不仅是魔术师的手，更是一股变革的力量。

一名成功的极客曾这样表达对互联网的看法："它让我找到了失散多年的兄弟!"这个兄弟，不是一奶同胞的兄弟，而是理念相投、志同道合的人。他们聚在一起，就是为了寻找一种合作方式，而这种方式，可能是前所未有的。不管是2B（企业用户）、2C（个人用户），还是O2O（线上到线下），互联网时代早已令人咋舌了!

马云也表示，自己虽然不懂互联网技术，但必须看到互联网真正的商业价值和未来趋势在哪里。互联网到底是什么？是技术还是一种模式呢？当有人将它定义为一种技术和工具时，许多人已经尝试用这种工具设计新的商业模式；当有人将它定义为一种商业模式时，许多人已经成为这种商业模式的领航者。如今人们谈到互联网，通常会流露出一种兴奋、期待的神情。不管是在电商、金融，还是在医疗、共享等领域，互联网已经改变了我们，让我们成为互联网世界的一个节点、一个符号。

我想在未来十年里，互联网商业模式将是主导世界的商业模式。通过这本书，希望能与广大读者邂逅在互联网时代的某一个角落，安静地感受互联网带给我们的变化。

苗慧芳

2018 年 11 月

目录
CONTENTS

第一章

商业模式的三个阶段

商业模式的定义

商业模式到底是什么呢？一百个人眼里有一百个哈姆雷特，同样地，一百个人眼里也有一百个商业模式的定义。简单来说，商业模式就是一种生意。甲方把产品卖给乙方，甲方从中获利。这个过程的模式，就是商业模式。当今市场上有琳琅满目的商品，也有各种人从事各种生意。有些人做生意只是为了赚钱，用赚来的钱养家糊口；有些人做生意是为了玩转资本；有些人做生意是为了寻求个人价值的提升。商业模式不是一个新概念，而是社会发展到一定阶段产生的一个科学概念。它的定义，随着时代的发展还会不断被修改。

商业模式的一个英文写法是“Business Model”。Business 是商业，Model 是模型。结合起来，就是将商业内的各种连接、组成，看作一种模型。这种模型里有企业与企业的关系、企业与部门的关系、部门与部门的关系、企业与客户的关系、部门与客户的关系、人与人之间的关系、渠道之间的关系等，如万花筒般复杂。其中被提及最多的关系，应该是企业与客户的关系。客户是企业发展的永动机，客户的需求，就是企业发展的驱动力。客户需要啤酒，企业就要提供啤酒；客户需要面包，企业就要提供面包，等等。有了啤酒、面包，也有与之对应的客户需求，商业模式便产生了。企业从中赚到钱，客户从中满足需求，双方都得到了好处。从这一点看，商业模式有点像能量守恒定律。

现代商业模式是一个被重新整合并定义的概念，它还有自己的元素和特点。通常来讲，现代商业模式有八大元素。

1. 消费群体

客户就是消费群体，客户需求就是消费需求。消费需求是拉动商业市场的主要力量，如果没有消费需求，也就没有商业市场和商业行为。俗话说，客户是上帝。消费群体就是商户的“上帝”。营销管理学中还有对消费群体和客户的划分，目的在于细分市场、精准营销。

2. 商业价值

价值是一个非常大的概念。在一个商业模式里，有营销价值、客户价值、渠道价值、服务价值、附加价值等，无数个价值组成商业价值。这些价值在商业流转过程中还会发生加减效应。

3. 营销渠道

有人把营销渠道比喻成开凿出来的运河。大家都知道，修建运河的目的，一是引流，二是灌溉和运输。营销渠道是一个企业的生命线。没有营销渠道怎么办？想尽办法也要开拓渠道！有了这样的渠道，企业才能见到客户，才能将商品送到客户手里。

4. 客户关系

客户关系就是企业为了达到营销目的主动与客户搭建的关系。客户关系也是商业课堂上被提及较多的词语。有牢固的客户关系，就有连续不断的生意。因此，许多企业把客户关系维护工作放在非常重要的位置上。从某个角度讲，客户关系的好坏决定生意的好坏。

5. 资源配置

资源配置就是对资源的合理利用和优化。通常来讲，人们对有限的、不可再生的资源进行优化分配。常见的商业资源、客户资源、产品资源、市场资源、人才资源、渠道资源、资金资源等，构成了整个经济活动的人力与物力。对资源做好配置，就能从中获得良好的效益。

6. 收入模型

这里的收入，不是指企业员工的工资收入，而是指商业组织的收入流。有人把这种收入流当成通往大海的一条条河流。大海之所以有丰富的资源，是因为有不断注入其中的河水。收入流，就是一种创富途径。收入途径越多、流量越大，商业组织的获利也就越多。

7. 价值链条

自行车之所以能够前进，就是因为有链条的拉动。同样地，价值链条能够为商业组织拉动价值。在实践中，价值链条就是与价值相关的各种活动。这些活动如同机械手表里面转动的齿轮，在齿轮的转动下，企业才能正常运转。

8. 商业能力

商业能力就是一个商业组织运转过程中需要的各种资格和能力，比如经营许可证、税务登记证、从业资格以及商业开发过程中应具备的拓展能力、开发能力、设计能力、营销能力、创新能力等。如果没有商业能力，商业组织将无法运转。

除此之外，商业模式还有目标市场、价值定位、生产与营销、成本结构、竞争关系等元素，是一个既简单又复杂的组合概念。互联网时代的商业模式，还会呈现出更加丰富的内容。

传统的线下商业模式

有人说，一个模式定义一个组织。传统的商业模式就是一种“厂家—代理商—零售商—顾客”的模式，这种模式是一级套一级的。代理商从厂家进货，然后批发给零售商从中赚取差价；零售商从代理商手里拿货，然后零售给顾客赚取差价。南方某茶厂生产茶叶，然后将茶叶交给全国总代理（代为销售），全国总代理再批发给省级代理商，省级代理商再分销给各市经销商，各市经销商再将茶叶卖给顾客。有人也把零售商称为“二道贩子”，意思就是赚差价的中间商。除了这种模式之外，还有直销模式。事实上，许多直销模式也要发展层层代理，在经营过程中多半会“跑偏”，重新回到传统商业模式的路子上来。

传统商业模式最典型的例子是实体店。一直以来就有各种各样的实体店，比如超市、便利店、茶叶店、美容店等。这些终端实体店经营的产品，几乎都是“二道货”。顾客很难从实体店买到厂家发出的第一手商品，他们买到手的产品，早已被层层加价过了。顾客买到高价产品，是不是说明传统商业模式是一种“骗人”模式呢？或者说，商业模式是不是毫无优点可言呢？

事实上，传统商业模式优缺点分明，就像并非所有的电商都是完美的。

（一）传统商业模式的优点

1. 体验性好

有些人买茶叶会选择在电商平台进行网购，但是大多数人买茶叶会选择去实体店，原因是什么呢？购买茶叶的顾客说：“去实体店，可以亲自品尝，觉得好就买，觉得不好就不买！”事实上，实体店能够为顾客提供观察、品尝、触摸、操作的机会，顾客能够得到良好的体验。尤其是一些操作复杂或价格很贵的商品，去实体店亲自挑选似乎更加“靠谱”。

2. 信任感强

传统商业模式通常提供面对面“营销—服务”的机会，通过面对面的沟通和交流，销售商能够展现出诚信，这是互联网无法代替的。互联网虽然给人们带来了极大的便利，但是却没有很好地解决信任的问题。当今社会提倡诚信，这也让许多传统实体店有了喘息的机会。一手交钱、一手交货似乎也并没有过时。

3. 服务享受

还有许多传统行业是互联网无法代替的，比如理发业、餐饮业、美容业等。这种提供服务消费的行业，也会一直存续下去。比如，头发长了需要找一家理发店剪发，肚子饿了需要找一家饭店吃饭，这些传统服务行业能够给顾客提供直接的服务，顾客能够从中获得良好的服务享受。

除了以上三点优势外，传统商业模式还具备良好的售后服务功能，退换商品也更加便利。

（二）传统商业模式的缺点

1. 价格高

实体店商品的高价格常常被顾客诟病，因此许多顾客选择线上购物。比如，同样一款铁观音茶叶，电商可以以50元的价格出售；实体店则需要将更多的成本费用加入商品价格里，让顾客埋单，因此实体店销售的同款铁观音，恐怕要60元、70元、80元，甚至更高。传统商业的维护成本比互联网商业更高，商品价格也就缺乏竞争力了。

2. 商品少

许多人选择线上购物还有一个原因：传统实体店找不到这一款商品。事实上，传统实体店因为门面、存储量等因素的制约，商品品种、品牌不可能面面俱道。虽然一些大型商超能够成为城市的商业中心，但是依旧无法解决商品品种不全的问题。

3. 关系弱

俗话说，铁打的营盘流水的兵。对于传统商业而言，是铁打的门店流水的顾客。甚至有人用流行歌曲的歌词“想说爱你并不是很容易的事，那需要太多的勇气”来形容顾客对实体店的喜爱程度。有些传统实体店借助会员、积分、返利等方式绑定顾客，但是顾客仍旧会被其他门店或电商所吸引。缺乏黏性，已经成为传统商业面临的头等难题。

除此之外，传统商业模式维护成本高，运转效率低下，同行业竞争过于激烈，盈利难。

尽管如此，传统商业模式依旧会长期存在。随着互联网时代的发展，从事传统商业的人会越来越少，从事现代商业的人会越来越多。

现代的线上商业模式

现代商业模式是传统商业模式的一种延伸和过渡，是在某种技术层面基础上建立起来的，比如B2B模式、B2C模式、C2C模式、C2B模式等，都需要借助互联网技术的推动力方能实现。现代商业模式与传统商业模式相比，更加自由、开放，不受空间、时间约束，趣味性更强，是一种基于互联网的线上模式。

现代商业模式与传统商业模式相比，有三个明显的优势：①传统商业模式非常局限，需要实体展示、专人进行促销，运行成本非常高昂；现代商业模式则开放许多，它可以是实体的，可以是虚拟的，也可以是“实体+虚拟”的；它展示产品的方式完全是线上的；促销成本、运营成本都要低很多。②传统商业模式严重依赖广告宣传，尤其是在电视、报纸等媒体方面的广告投入是非常惊人的；虽然现代商业模式也重视宣传，但是它的宣传主要依赖互联网，广告宣传成本要低很多。③传统商业模式传播速度较慢，而且有较大的局限性；现代商业模式传播速度快，与信息时代彻底接轨。有人说：“传统商业模式=产品+展示+储存+渠道，现代商业模式=产品+营销+互联网体验。”传统商业模式与现代商业模式的区别较大，甚至是完全不同的两种商业模式。下面是几种不同的现代商业模式。

1. B2B 模式

B2B 模式就是“Business To Business”模式，从字面解释是从商业到商业。这种模式，是以互联网为媒的企业与企业的合作、交流、服务模式。阿里巴巴 CEO（首席执行官）张勇表示，B2B 业务的方向无非是两个：一是把外贸、内贸业务升级成为新贸易的业务；二是无论速卖通、农村淘宝还是零售通，抛开业务场景，都要做能够到达市场、到达消费者的新渠道。B2B 模式有四大优点，即实现线上自动采购，降低企业采购成本；让线上企业实现“门对门”对接，以销定产，减少库存；让线上企业实现零距离沟通，提高沟通效率；电子商务平台覆盖面积大，帮助企业扩大市场机会。如今，B2B 模式依旧是现代商业模式中一股很重要的力量。

2. B2C 模式

B2C 模式就是“Business－To－Customer”模式。与 B2B 模式不同，这是一种商对客模式。例如，京东是非常有名的 B2C 网站，作为商业平台的建造者，京东将大量商品放在网站上，吸引广大线上消费者购买。这种商业提供商品、消费者购买商品的模式，就是 B2C 模式。就像京东 CEO 刘强东 2015 年所言：“京东永远只做 B2C。京东以电商为主业，不断去创新和完善它。”不同于京东，淘宝则发展了一种 B2B2C 的模式，这种模式既有 Business To Business，也有 Business－To－Customer，是一种复合型的现代商业模式。

3. C2C 模式

C2C 模式就是“Customer To Customer”模式，是一种消费者之间的商业模式。例如，有人把二手交易市场看作跳蚤市场，即一个人通过打折、低价处理等方式吸引其他消费个人，把自己觉得不合适、不想用的物资销售出去。互联网跳蚤市场有许多，比如闲鱼就是著名的互联网跳蚤市场。当然，C2C 模式不仅仅只是二手交易。个人电商将产品卖给消费者，也是一种 C2C 模式，比如广大的淘宝店家与广大淘客之间的互动与交易。

另外还有 C2B 模式，这是一种客到商模式，即客户提供需求，企业量身打造产品。

现代商业模式改变了企业的经营方式，也改变了人们的消费方式。换句话说，有了现代商业模式，才有了现代人的生活方式。

传统与现代相结合的 O2O 商业模式

当今社会，被提及频率最高的可能就是 O2O 模式了！O2O 的概念来自美国，在中国也有非常好的发展。顾名思义，O2O 就是“Online To Offline”，即线下线上结合的商业模式。

小杨是一名法律专业毕业生，大学毕业后他并未从事法律相关的工作。经过几年的摸爬滚打，他选了餐饮行业。他在某市的闹市区开了一家名为“舍得”的面馆，主营各类特色面条，面向商区内的白领。

起初，这家面馆生意并不是很好，加上同行业竞争过于激烈，小杨似乎有了将其转让以止损的想法。后来，小杨的一位同学告诉他，国外许多饭店借助互联网进行宣传、营销，取得了非常好的效果。当时，互联网餐饮还未兴起，甚至还没有团购网站，O2O 的概念还是非常新鲜的。在朋友的建议下，小杨打算尝试一下，于是将店铺信息、资源通过网络平台进行宣传，在网上提供预订服务。没有想到，这个做法迅速起到了作用。来这家面馆消费的客户，60%是互联网平台邀约而来的。

两年之后，有了团购网站。小杨将面馆的信息公布到团购网站上，客户通过团购网站在该店消费，可以享受8折优惠。在互联网的带动下，这家面馆不仅生意火爆，而且连续开了数十家分店，年营业额翻了30倍。

当今，O2O模式发展迅猛，许多人通过O2O模式实现了“人生大反转”！从发展历程看，O2O经历了三个阶段。

（1）1.0阶段。

1.0阶段是初级阶段，在这个阶段，传统商家与互联网进行简单结合，主要还是以互联网宣传为主。比如美团网刚刚成立之初，许多商家为了带动客户，采取促销、低价的方式进行营销。这样做一方面为了稳固老客户，另一方面为了带动周边市场。但是在1.0阶段，商家与客户的关系依旧非常简单，关联程度较低。商家为了促销甚至低价赔本赚吆喝，大多数都未达到经营预期。

（2）2.0阶段。

2.0阶段也就是当下O2O发展的重要阶段。在这个阶段，许多商家已经走出了赔本赚吆喝的迷局，甚至逐渐成为社会经济的领航者；传统商家可利用的网络平台、移动互联网软件越来越多，管理模式也越来越成熟；互联网下单率超过线下，甚至有个别明星商家拥有了大量的“粉丝”。但是需要注意的是，2.0阶段也诞生了一些泡沫。许多非理性的、不道德的，甚至触及法律的行业也在借助O2O赚钱，这对法律、社会道德、公共秩序都是一种挑战。

（3）3.0阶段。

我们可以将3.0阶段看成一个市场细分下的重组与补充。或者可以这样去形容它：行业分类更加精细，服务更加专注。例如，现代商业催生现代物流高度发展，许多快递公司为了提高派件率，在许多小区寻找代收快件的合作伙伴。因此，一些企业瞅准了商机，在各大小区内安装了快件代收云柜、速递易等，提高了快递员的派件率，而且减少了丢件率，更加方便了小区居民取件。这种分化的、垂直衍生出来的新型行业，解决了现代商业模式的服务问题。

有人把 O2O 模式看成一种新型盈利模式，这种模式有三大优势。第一，O2O 是一种链接世界的模式，这种模式将海量资源、海量信息、大量互联网用户集中在一起，形成了一种新型商业生态。在这个模式里，商家与客户形成互动，然后拉动交易与消费，对社会发展有促进作用。第二，O2O 模式还可以帮助商家、客户进行“记账”。尤其是对商家进出业务进行“记账”的功能，可以减轻一个人、一个组织的数据统计压力。比如，某著名景区民宿在国庆期间接受互联网订单 240 例，总收入为 65500 元。这样精确的统计数值，就是 O2O 模式帮助统计的结果。第三，O2O 将传统线下与互联网线上进行有机整合。如果商家在线上开网店的同时，线下也有体验店供客户进行体验，就可以增强客户的体验性和忠诚度，并提升一般电商所不具备的信任度。

O2O 模式也是一种现代商业模式，但是它与 B2B、B2C、C2C 有不同之处。O2O 商业模式更侧重于传统行业与互联网模式的结合。或者说，传统行业完全可以借助 O2O 模式实现涅槃重生！

互联网对传统行业的四大影响

技术革命对人类发展的影响力是空前的。蒸汽时代，蒸汽机的发明让人类有了机械化生产设备，大大提高了社会生产力；电气时代，人类世界也被通了电，因此也就有了光明和进步。互联网发展属于第三次技术革命，互联网出现之后，地球一端的居民可以快速了解、认识地球另一端的世界。互联网对人类的影响是全方位的，对商业模式的影响也是巨大的。

当今世界环境污染越来越严重，人们对空气安全越来越重视。有一位非常热爱发明的年轻人觅到了商机，开始研发 PM2.5 口罩。这种口罩与传统口罩不同，它自带一种过滤装置，而且价值不菲，需要 20 美元。

为了把自己的产品卖出去，这位年轻人找到某网站的运营者之一作为合伙人。

该网站的运营者将年轻人的产品放到了网上商城，并且对该商品进行大力度宣传。没有想到，这样一款价值20美元的口罩，在短短一个月内得到了2400个订单。年轻人非常高兴，他从未想到自己的产品会如此畅销。但是纵观超市内的同类产品，它们似乎并不那么受欢迎。据了解，当地某商超一个月只卖掉6个同类产品。后来，年轻人引起了一位投资老板的关注。这位老板非常看重年轻人的产品，并为他的“作坊”注入50万美元。

在互联网时代，这样的成功案例不胜枚举。人们借助互联网，可以将那些现实中难以卖掉的产品卖到脱销。比如，著名坚果品牌三只松鼠借助互联网营销，创下多个纪录。后来，三只松鼠在各大卖场建立品牌体验店，将线上线下进行联合，形成一种“传统—互联网”商业新模式。可以说，互联网对传统行业的推动力是非常强劲的。通常来讲，互联网对传统行业有四方面的影响。

1. 营销

互联网对传统行业营销的影响，可以用颠覆二字来形容。传统行业营销有两种常见形式：业务员跑销售和发展区域代理商。业务员跑销售，完全靠业务员的经验、拓展能力、吃苦耐劳的精神和公关能力。发展区域代理商，则需要维护好与每一家代理商的关系，还要给代理商一定的奖励去激励它们。这两种形式，似乎是效率低下的、受制于人的。互联网时代的营销则完全不同了！传统行业也可以借助各种平台进行营销，几乎不需要业务员跑市场，也不需要发展区域代理商了。互联网营销，甚至是“一手交钱、一手交货”的，对缓冲传统行业的资金链压力也很有帮助。

2. 渠道

传统行业的采购、营销渠道，往往是通过业务人员“跑”出来的。例如，某化工企业要采购原料，采购员常年在山西省、内蒙古自治区等地采购，一出差就是半个月，这才把第一手原料采购回企业。如今，电子商务平台非常多。许多企业可以通过互联网精确寻找到合作商家。换句话说，互联网为传统行业提供了更丰富、更直接的采购、营销渠道。

3. 产品

互联网时代，出现了许多与互联网有关的产品，比如一些电子产品等。人们对互联网存在着需求，因此对这类产品也有非常大的需求。另外，还有一些快消品成了互联网时代的宠儿。顾名思义，快消品是一些消费速度较快的产品。这类产品大多数借助传统商业模式进行营销，比如在商超、专卖店出售等。互联网改变了营销方式，也改变了产品本身。如今，有许多快消品在实体店内是无法买到的。由此可见，互联网改变了营销方式，也改变了传统产品。

4. 运营

如今，我们可以看到许多在互联网模式下运营的传统企业。在我国江浙地区，有许多传统加工、纺织、制鞋等企业，转变经营观念，采取互联网运营模式。在这种模式下，许多传统行业焕发了第二春。

另外，互联网也改变了人们的消费方式和消费习惯。人们消费方式和消费习惯的改变，更推动了传统商业模式进行转型。插上互联网翅膀的传统行业，也找到了一条转型发展之路。

第二章

互联网商业的概念及影响

○ “互联网+”与“+互联网”

作为一个在网上被点击的高频词，什么是“互联网+”呢？“互联网+”并不是一个技术名词，而是一个思维名词。“互联网+”的基础是互联网，以互联网思维发展的行业是“互联网+行业”。比如，以互联网思维发展的金融业，就叫“互联网+金融”；以互联网思维发展的医疗行业，就叫“互联网+医疗”。

马化腾在《互联网+：国家战略行动路线图》一书中表示，“互联网+生态”，以互联网平台为基础，利用信息通信技术（ICT）与各行各业的跨界融合，推动各行业优化、增长、创新、新生。在此过程中，新产品、新业务与新模式会层出不穷，彼此交融，最终呈现出一个“连接一切”（“万物互联”）的新生态。“互联网+”与各行各业的关系，不是“-”（替代），而是“+”（加上）。各行各业都有很深的产业基础和专业性，互联网在很多方面不能替代。在他看来，“互联网+”就是一种基因，这种基因可以与各种行业进行结合。因此，出现了“互联网+金融”“互联网+文娱”“互联网+医疗”“互联网+物流”等，“互联网+”已涉及许多产业。国务院总理李克强则认为，从简政放权、放管结合、优化服务，到“大众创业、万众创新”，再到“互联网+”，这是一脉相承的。这些政策措施落到实处，将会培育中国经济新动能，打造中国未来增长新引擎。由此可以看出，“互联网+”是一种极具创新性的DNA（基因），这种DNA可以让许多传统行业发生巨变。

“互联网+”有六大特点：第一，“互联网+”，这个“+”就是与其他行业进行结合，实现一种跨界融合；第二，“互联网+”是一个创新的概念，它的本质就是一种“科技创新”；第三，“互联网+”改变了人们的思考方式，也让整个世界的经济结构、文化结构发生了变化；第四，“互联网+”还有一个本质就是互联网思维，它体现人的价值，而且更加肯定人的价值，尊重人；第五，“互联网+”是没有边界的，甚至是去中心化的、共享的、完全开放的；第六，“互联网+”可以连接万物。如今，“互联网+”已经上升到国家战略高度，不仅能够促进国家经济改革，还能够促进产业升级，提高整个国家的竞争力。

除了“互联网+”这个概念外，还有一个“+互联网”的概念。什么是“+互联网”呢？这个概念是针对传统商业模式提出的。互联网时代来临之前，许多没有转型的传统企业似乎并未遇到“春天”，而是一直在“严冬”中艰难前行。有些人看到互联网时代来临后，似乎看到了一丝希望。他们将传统商业模式与互联网进行结合，不仅将其应用于采购、营销等方面，更是把互联网技术充分利用到各个管理与应用中。在互联网的帮助下，许多传统企业走出了“严冬”。“+互联网”是一种主动求变、主动结合的方式，它是一种思维，更是一种管理的方式、方法。

中联重科董事长詹纯新认为，制造业实体是“制造业+互联网”，互联网是一个工具，当这个实体没有的时候就不能很好地、有效地发挥作用。互联网就像高速公路，实体产品不放到互联网上去，就像高速公路上没车，互联网基础设施就没有真正起到作用。他还表示，“+互联网”更要加强自身能力。如果企业的根本能力没有，就无法在风口中起飞，即使飞起来了也会中途掉下来。对传统制造企业来说，“+互联网”就是要实现产品智能化程度的提升和商业模式的改变，即产品在网上、服务在掌上、数据在云上。

“互联网+”与“+互联网”虽然有所不同，但都是基于互联网出现的思维和管理方式。“互联网+”和“+互联网”从一定意义上讲是相通的，核心都是运用各种方式把众创、众包、众扶、众筹等带动起来，推动企业生产模式和组织方式变革，增强企业创新能力和创造活力。

生活化的互联网

互联网时代的到来，最先得到实惠的人应该是老百姓。互联网刚刚诞生之时，似乎是“高高在上”的，加之拨号上网按流量收费的高门槛，许多人认为互联网更像排球网那样将两个世界彻底分割开了。但是随着互联网的普及以及上网成本的降低，互联网对人们的影响越来越大，甚至成了人们生活中的必需品。

小张在某电商平台工作。可以说，她的工作也是互联网提供的。她认为，除了一天七小时睡眠以及三小时的吃饭、调整时间，剩余的十四小时自己都与互联网保持着紧密的关系。在这家电商平台工作的其他员工，也是如此。

为了提高自己的综合素质，小张通过互联网报了一个网络课程，每周六、日晚上7点到9点，她会坐在电脑前进行远程学习。另外，她还报了网络瑜伽课进行健身。她参加的“驴友”团也通过微信定期发布徒步路线和活动时间。至于订餐、订房、订KTV（卡拉OK)、玩网络游戏等与生活、工作密切相关的活动，都需要借助互联网来完成。小张是一个典型的“网虫”，但是这样的“网虫”在中国就有数亿！小张感慨：“每到一个地方，第一件事就是搜索一下是否有网络覆盖，如果没有网络覆盖，一定非常不方便!”

如今，有人把互联网看成一个“幽灵”，这个“幽灵”可以连接万物，并且会在任意时间、任意空间出现。这个“幽灵”有着巨大的能量，甚至有黑洞般的吞噬力。听上去，这个“幽灵”似乎非常可怕，但是人人都离不开这个“幽灵”。猎豹CEO傅盛认为，移动互联网最大的机会来自大互联网的生活化，未来工具一定会和应用结合在一起。

张某，一名“80后”某事业单位员工。2017年“双11”期间，他从淘宝、京东等网站消费6000元，几乎买全了过冬穿的服装、冬季用的一切日用品等。他算了一笔账，如果在卖场购买同样的东西，他至少要多花3000元。除此之外，便捷的快递服务让他只需要等货上门，为他节省了不少逛超市购物的时间。另外，张某还一直通过移动互联网进行理财，他认为余额宝、京东金融都是不错的选择，手机在手，一键就可以做到理财。通过互联网，张某不仅为自己节省了生活开支，还让自己的理财收益得到了提高。像张某这样，生活同互联网紧密相连的人，不计其数。

“互联网+电影”解决了人们排队购买电影票、选座等一系列问题；“互联网+铁路”减轻了排队买票压力，那种“通宵打地铺”只为买一张卧铺票的现象不见了；“互联网+酒店”大胆突破与创新，比如阿里旅行推出的“信用住”可以让人们体验“无押金急速退房”服务；“互联网+购物”帮助许多都市白领节省了购物时间，为他们提供了一站式精准购物服务；“互联网+城市服务”方便了城市居民和外地游客对城市信息、服务信息、政务信息的查询与相关业务的办理。有人说：“未来互联网世界是区块化的，这样的区块可以帮助一个人进行记忆、储存，而且还能将一个人的身份信息数据化，就像互联网世界的一个符号！”

如今，我们能够感受到互联网的力量。互联网就像海洋，它似乎包容一切、涵盖一切，又改变一切、影响一切。生活化的互联网，似乎也能够为“和谐世界”贡献力量。

互联网消费体验

互联网不仅改变了商业模式，也改变了人们的消费理念与消费方式。过去，人们消费、购物，只能在居住地周边地区进行。买一瓶酱油要去当地的超市，买一件衣服要去当地的商厦。如果跨地区消费，还要付出相当高的成本，比如乘坐其他交通工具等。以前，有一些跳街舞的北方年轻人为了买到漂亮的嘻哈服装，甚至坐火车千里迢迢去杭州、广州这类服装、潮牌集散地购买。互联网的出现，彻底改变了这一现象。

一位杭州的潮牌经营者王某有两家淘宝店，还有一个微商团队。王某团队的潮牌服装，大多数都通过互联网卖给了北方顾客。这些顾客在选择购买服装时，都会将自己的身高、三围等数据告知王某，由王某亲自帮助他们挑选。他亲自挑选的服装，不仅大小合适，顾客喜欢，也为他大大降低了退货率。

从王某的淘宝店购买过服装的年轻人，几乎都成了清一色的回头客。顾客说："王老板的衣服都是他自己从国外一件一件淘回来的，那些款式在国内专柜买不到，所以只能让王老板代购或者从王老板的店铺购买。"正因如此，王某赚了不少钱，顾客也买到了心仪的衣服。

互联网改变了消费环境和消费空间，让顾客的消费不再受时间、空间的影响。在一个地处偏僻、商业不发达的农村，农村消费群体也可以买到耐克、阿迪达斯等国际品牌。换句话说，只要你有钱，就可以买到想要的东西。

互联网时代的顾客与传统的顾客在消费特点、消费心理上也存在较大的差异。通常来讲，互联网时代的顾客有四种消费特点。

1. 好奇

互联网就像一个万花筒，互联网也为顾客提供了犹如万花筒般丰富的产品，有些人感叹："产品种类那么多，到底买哪一种呢？"许多人选择产品时，完全按照"上市先后顺序"进行选择。他们认为：刚刚上市的新产品一定是性能好、外观时尚的产品。当然，这句话也会误导广大顾客。但是，互联网带来的新产品，足够让顾客感到好奇。有了好奇心，顾客就会产生购买动机，进行消费。

2. 自我

互联网时代，是一个自我标榜的时代。在这个时代里，人人都是标签。这种个性化的标签，也延伸到消费中。如今，我们可以看到大量的人性化定制消费，有定制产品、定制服务，甚至连银行理财也可以根据顾客需求进行DIY（自己动手做）设计。自我是一种本性，并不是一种剑走偏锋的坏习惯。自我，重新定位了商业模式，也让顾客的消费体验发生了改变。

3. 理性

传统商业模式下，由于选择面窄，许多人在购物时是非理性的。20 世纪 90 年代，有一位女性顾客到某商场购物，她说："不管怎么样，来一趟就非常不容易了！不管用得着、用不着，都要买一点，万一什么时候用得上呢?"这种盲目消费，既浪费精力，又浪费财力。互联网时代则不同，它让顾客的消费回归了理性。例如，有一名白领想要购买一台笔记本电脑，为了购买性价比高的笔记本电脑，他先是去电脑测评网站了解各品牌电脑，然后从中选出两款。为了节省成本，他又浏览不同的电商平台，对两款产品的价格进行了横向比较，最后选择从报价较低的电商平台购买。互联网时代下，人们学会了理性消费，更懂得了货比三家，顾客变"精"了，这也成了互联网时代顾客的标志性特点。

4. 缺少耐心

互联网时代，顾客的选择非常多。顾客的选择越多，对服务的要求也就越高。因此有人说："互联网的本质是服务。"谁提供的服务有吸引力，谁就能吸引到顾客。如果顾客感到消费体验并不好，会快速失去耐心，从而选择其他商家。互联网时代的顾客是个性的、缺乏耐心的，甚至是挑剔的。

互联网构建了新商业模式，由新商业模式延伸出新型消费生态。如果我们把传统社会的顾客消费看成一道单选题，互联网时代的顾客消费则是一道多选题。体验式消费也成了互联网时代的主要消费形式。

互联网服务体验

前面我们提过，互联网的本质就是服务。如今，许多政府部门也借助互联网开展政务服务工作。

国内某城市响应《国务院关于加快推进“互联网＋政务服务”工作的指导意见》等相关文件，结合互联网，推出“互联网＋政务服务”的管理方案，不仅提高了政务处理效率，而且解决了办事难、办事慢等问题。这个城市通过开展“互联网＋政务服务”，实现了五大突破。

服务渠道的突破。传统的政务服务工作，都是在政务服务大厅内完成的。大厅服务虽然能够提供“面对面服务”，但是由于政务服务人员数量有限，政务服务效率不太高。“互联网＋政务服务”就打破了这个局限，在大厅之外又开通了一条服务渠道。老百姓在相关网站提交个人资料，就可以得到相关的服务。

申办工作的突破。相关平台、证件的申办，也是费时费力的工作。有人感叹：“申办一个手续，就像生孩子一样。”“互联网＋政务服务”推出之后，该城市建立了互联网申办平台，这个平台可以满足许多人员同时申办各种手续，不仅申办效率高，而且减少了申办人员的舟车劳顿。另外，互联网流程申办，更加阳光透明，能防止腐败发生。

政务信息的突破。有些人诟病政务信息的不公开，认为这种不公开会滋生各种腐败。一方面，政务信息没有得到公开，源于技术方面的不成熟；另一方面，政务信息没有得到公开，赖于政务部门管理制度的缺失。但是“互联网＋政务服务”推出之后，该城市政务信息得到了充分公开，并明确了政务办理的相关手续和流程。政务服务办理进度等，也可以随时跟踪查询。

智能检索的突破。过去，政务服务工作过程，是无法进行检索的，只能去政务服务大厅了解进度，抑或上门咨询相关政务服务信息。推出“互联网＋政务服务”后，人们可以坐在家里，登录服务网站或者下载服务 App（手机软件），就可以进行相关信息检索，并根据检索了解相关服务事项和服务指南。

人性化服务的突破。曾有人吐槽该城市的政务服务：“机械、固执，毫无人性化可言。”推出“互联网＋政务服务”后，互联网将多部门、多业务、多资源进行了整合，优化了服务方案，打破了服务界限。另外，整合后的政务服务部门还推出了“个性化服务套餐”等综合化服务，为老百姓提供了一站式服务。

通过这五大突破，这个城市向智能城市又迈进了一步。政务服务处理速度快，老百姓感受到了良好的服务体验，“互联网 + 政务服务”方式也因此得到了外界的一致好评。

互联网是一种服务，如果将这种服务与商业模式相结合，还能够继续提升客户的服务体验。

国内某城市将互联网与医疗相结合，推出一种名为“健康智能导诊”的服务。这种服务可以帮助就诊的患者及患者家属快速了解该城市各大医院、门诊的候诊人数，并提供预约挂号服务。有一位患有心脏病的老人，为了让他得到全面、权威的治疗，老人的女儿通过“健康智能导诊”为其预约挂号。挂号时，她从显示页面看到：某三甲医院心内科候诊人数 12 人，预计等待时间为 45 分钟；另一家三甲医院心内科候诊人数为 7 人，预计等待时间为 31 分钟。因此，老人的女儿选择了后面那家三甲医院，并成功预约挂号。

事实上，像这类“互联网 + 服务”的成功案例还有很多。互联网给我们带来快捷服务的同时，也提高了服务质量和服务体验。打造互联网智能服务平台，想必也是创新未来商业模式的一种方法吧。

第三章

互联网引发的革命

⬡ 互联网带来技术革命

马云曾在世界互联网大会上发言，他认为，未来30年一定不会只是互联网公司的天下，未来30年是用好互联网技术的公司的天下，是用好互联网技术的国家的天下，是用好互联网技术的年轻人的天下。互联网技术、互联网资源普惠化，才能成为人类的巨大福祉。

互联网让全球实现了一体化，把分布世界各个角落的民族集合在一起，形成了一个地球村。或许我们还在感慨高铁的时速、航天技术的突破，但是如果没有成熟的互联网技术，一切都等于零。互联网就像一个魔术师，它用一种魔法，将社会变成了开放的、去权威的、个性突出的社会。在这样一个社会里，人人享有公平的资源分配权，人人可以展示自己的个性，人人都可以为自己代言并成为一种符号和权威。

过去有一些企业家，他们认为自己就是权威，掌握潮流发展的方向。他们大量学习各种传统且权威的管理技术，就是为了掌握世界前进的命脉。当互联网来临时，有一些企业家猛然发现：这个世界不需要权威，传统经验已经派不上用场！套用时下一句流行语：他们已经 out（过时）了！事实上，互联网就是一种工具，互联网思维就是一种管理理念。如今一些新成立的公司，如雨后春笋般冒了出来，并且在“野蛮成长”。互联网给这些新成立的公司带来了充足的养分，而这些公司只需要做好一件事：链接。

所谓链接，就是一个目标链接另一个目标。在传统时代，这种链接只是一种简单的“对接”与“焊接”，完全凭借个人的意志思想来控制。互联网时代的链接是完全不同的，我们用技术革命来形容它也不过分。这种链接将互联网世界中的各个模块联系起来，形成一张威力巨大、功能强劲、人人都离不开的网。比如，一个人想要寻找一个资源，检索便可以链接到它；一个人想要得到某种服务，简单操作便可以链接实现。这种链接，可以帮助人们实现需求，甚至还可以帮助一个组织、国家描绘一张蓝图。互联网中的功能模块越多，这种链接也就越强大。换句话说，我们可以把链接看成渔网中的线，这个线，就是构造网的基础。

互联网还让许多年轻人成为社会主流价值的创造者。某美术学院毕业生小吴，大学毕业后并未选择企业应聘这条道路，而是选择自主创业。小吴是油画专业毕业生，有非常扎实的油画创作基础。在艺术品投资陷入低迷之时，他将视野投向了家居设计行业。他成立了工作室，专门为客户进行装饰画的设计与绘制。他的工作室，就是借助互联网进行推广、宣传的。小吴的工作室接单量很大，甚至有许多著名装饰公司也来下订单。借助互联网，像小吴这样的年轻人展现了自己的价值，成为社会经济潮流的推动者。淘宝作为一个孵化器，为许多年轻人提供了孵化梦想的温床，马云认为，坚持互联网精神下的“互联网 +”计划，必将让我们每个人都成为既得利益者。

互联网还带来了什么呢？互联与智能化。互联也是一种技术。简单地讲，它可以将两个点联系在一起，这两个点，或许是彼此不相关的两个事物。经过联系之后，这两个点就可以成为一个系统，而这个系统能够为“系统层面”上的人、组织实现资源共享。智能化更是一种技术。如今，人工智能成为被点击的高频词，可见智能化是未来发展的方向。智能化依赖互联网，没有互联网，恐怕也就没有智能化的概念。日本软银总裁孙正义认为，30年之内，我们鞋子上的芯片都会比我们的大脑更聪明，我们将变得连鞋子都不如。

互联网不仅改变了人类社会，而且创造出许多奇奇怪怪的概念。这些概念就是未来世界的符号，我们更要用一种开放的胸怀去拥抱互联网和它带来的技术。

互联网带来观念革命

互联网是一张网、一种技术，还是一种观念、一种思维。百度 CEO 李彦宏认为，在中国，传统产业对于互联网的认识程度、接受程度和使用程度都是很有限的。在传统领域中都存在一个现象，就是企业领导者没有互联网的思维。互联网思维到底是什么呢？互联网思维不是某一种互联网商品，而是一种互联网时代的思考方式，抑或一种互联网时代的观念和理念。

有一家食品公司，它的管理者均为“80 后”成员。他们将该食品公司的特色食品搬到了天猫，短短两个月的时间便创造了业界销售奇迹。后来这家食品公司一直非常火爆，它不仅有自己的品牌 Logo（商标），还有与品牌相关的包装、宣传单、封口夹、垃圾袋、各式赠品。这些个性化、标签化的东西，恰恰是互联网时代特有的。因此，这家食品公司不仅得到了资本大鳄的投资，其品牌还成长为国内知名的休闲食品品牌。

无独有偶，北方还有一家快餐店也是借助互联网思维发展起来的。快餐店的老板同样也是一名“80 后”，在开业前他潜心研究了菜单中的每一个单品，这些单品都可以被看作市场爆品。在此期间，快餐店老板邀请各路大腕、老饕免费试吃体验，利用软文宣传，似乎有意营造一种“不见其人、先闻其声”的神秘感。这种神秘感积蓄久了，在快餐店开业的一刹那便瞬间引爆。这家快餐店也成了业界传奇。

柳传志认为，换一种角度，从结果的角度来解读，互联网思维与传统产业的对接，会改变传统的商业模式。从结果看，大致会产生这么几个效应：长尾效应、免费效应、迭代效应和社交效应。互联网思维开放、互动的特性，将改变制造业的整个产业链。因此，用好互联网思维，制造业链条上的研发、生产、物流、市场、销售、售后服务等环节，都要顺势而变。前面提到的四种效应，即长尾效应、免费效应、迭代效应、社交效应，也给我们带来了四种观念。

1. 长尾观念

这种观念，有点类似“涓涓细流，积累成河”的观念。言外之意，只要一个组织、企业、人，能够将渠道拓展得足够宽、储存量拓展得足够大，就可以与那些畅销品的市场份额持平。这种观念，就是一种积少成多、水滴石穿的观念。

2. 免费观念

如今，我们常常能够听到这么一句商界名言：世界让我们免费。免费时代真的来临了吗？难道天上还会掉下如此大的免费馅饼吗？一方面，我们质疑免费；另一方面，我们思考免费背后的深意。事实上，在互联网时代，免费逐步成了一种现实。比如，企业借助免费服务，推动其他收费业务；抑或通过提供免费服务，来扩大自己的影响力。免费的本质是收费，但是这种收费，消费者似乎更加容易接受。

3. 迭代观念

所谓迭代，就是代替、更换。在互联网时代，迭代就是一种研发和创新。这种研发、创新是建立在“不断纠错”的基础之上的，有不停打补丁、修改漏洞之意。迭代观念有两个观点：其一，“小修小补”式的微创新，让成熟的产品更加完善、人性化；其二，“快速更新”式的应变，以最快的速度满足消费者不断变化的需求。

4. 社交观念

人都是社群动物，带有社会属性。社交，是人的重要生活方式。互联网时代，社交变得更加简单、直接。许多人经营自己的社交圈，形成一种非常好的圈子经济和圈子商业模式。

除此之外，互联网还带给我们简约思维、共享思维、流量思维等。这些思维观念，恰恰是这个时代必不可少的。拥有这样的观念，才能开创属于自己的时代。

互联网带来传播革命

俗话说，好事不出门，坏事传千里。如今，我们常常看到，一些丑闻在曝光之后，以迅雷不及掩耳之势传遍整个世界。事实上，互联网信息的传播速度比这还要快。当然，互联网不只是加速了信息传播速度，还让人与人之间的沟通、交流更加便利，拉近了人与人之间的距离。

孙某是一位北京的年轻人，他有位美国洛杉矶的朋友斯蒂芬。北京和洛杉矶远隔整个太平洋，甚至还有15小时的时差。但这并未影响到两位年轻人的交流。他们通过微信交流中美文化，也会给彼此的朋友带来一些异国商品。比如，孙某的一位朋友想要买一套护肤品，孙某将护肤品的资料传给斯蒂芬，斯蒂芬第二天就买到了护肤品，然后通过快递发到中国。

除此之外，孙某与斯蒂芬的文化交流网站也在建设之中。这个网站，完全是公益性质的。孙某认为，互联网就像电视机那样，传播各种信息，这些信息里，有非常好的信息，也有不好的信息。如果他们通过“净网”的方式进行过滤，互联网就会发挥巨大的作用。朋友们可以通过他们的网站快速了解中美文化，尤其是美国文化。斯蒂芬也持有相同的观点，他认为，好的东西一定要第一时间与大家分享。以前，人们只能通过报纸、杂志、广播、电视进行传播；如今，人们使用互联网传播，不仅成本低廉，而且传播速度更快，覆盖面积更广，效率更高。

还有人把互联网的传播速度比喻成百米跨栏。我们都知道飞人刘翔的百米跨栏纪录是12秒88，但是这样的速度放在互联网中，就算不得什么了！互联网信息的这种高速传播，似乎无法用一个词来形容。从某种角度来说，它也曾让人们焦虑。因为这种传播速度要远远大于人类发展进步的速度。许多人还没有反应过来，就已经落伍了。除了思维之外，技术的迭代速度也是惊人的。某移动互联网产品开发公司老总感慨："如果无法在一个月内推出市场竞品，我们公司就会遇到麻烦。"这样的创新速度并不是消费者决定的，而是快速发展的互联网决定的。

互联网传播革命还有一个特点：传播渠道的增加。比如某省的电视台，传统的传播方式就是通过电视信号和相关电视导报进行传播，不仅受众面窄，而且传播途径十分有限。互联网出现之后，这家电视台从电视端走向 PC（个人计算机）端，又从 PC 端扩展到移动端。后来，这家电视台有了自己的官方网站、直播软件、微博平台、微信公众账号等。原本，这家电视台的年收益率下滑至历史冰点，随着互联网的出现，这家电视台盈利不少，甚至还有相当不错的收视率和非常高的关注度。

互联网对广告的传播作用也是无法取代的。许多人都听说过一个"广告标王"：秦池酒业。在 20 世纪 90 年代，秦池酒业通过各大电视台，对电视屏幕前的观众进行"广告轰炸"。虽然取得了不错的效果，但是每年数亿元的广告费支出还是令秦池酒业苦不堪言。互联网出现后，互联网技术让广告传播更加随意、自如了。许多企业品牌在网站上挂窗口广告，或在某点击率高的视频页面加载视频缓冲广告页面。通过这些方式，企业依旧能够达到广告宣传的目的。

互联网带来无数革命，有些革命看上去是离经叛道的，有些革命对未来文明的进步有启蒙作用。传播革命仅仅是互联网带来的其中一种，仅此一种，就已经改变了全世界。

互联网带来支付革命

当今社会，在国内大部分地区，只要带着手机和银行卡，就可以畅行无阻。但是在没有互联网的时代，人们需要带着银行卡，并备下足够的现金。众所周知，身上携带大量现金是非常危险的，稍有不慎就会被不法分子盯上。

有人说:“丢钱包的,都是随身携带现金的人。”

不带一分钱,你敢出门吗?如果这个问题放在古代,会有这样一种答案:没有钱寸步难行,甚至会饿死在路上。如果这个问题放在20世纪,会有这样一种答案:没有钱可以,但是必须要有银行卡,还要有刷卡的地方。如果这个问题放在现在,会有这样一种答案:没有钱可以,但是必须要有移动互联网支付设备和全网覆盖的区域。从以上三个不同的答案我们可以看出,时代在不断进步,支付方式也在发生重大转变。虽然社会还未完全进入无现金时代,但至少大多数区域都会支持网络支付手段。

常见的支付方式有两种:支付宝支付、微信支付。这两种支付方式,都属于第三方支付。人们在消费过程中,只需要对二维码进行扫描,就可以完成支付。这种方式简单易操作,还防止了假币传播。据某权威网站统计,全球约66%的受访者愿意使用互联网移动支付功能,而中国则有84%的受访者愿意使用互联网移动支付功能。可以说,消费者离不开互联网支付,商户也更乐意选择互联网收款这一方式。

邻国印度,是世界人口第二大国,同样也是现金使用率极高、银行卡普及率极低的国家。印度MobiKwik移动支付公司创始人认为,印度有2.1亿家庭拥有银行账户,但是只有200万~300万人有银行卡,而且只有10%的银行卡用于网络支付,其余的银行卡从未激活网络支付功能,大多数人都是用银行卡从ATM机(自动取款机)取钱,然后用现金交易。为了缓解这个尴尬的局面,印度众多互联网公司开始布局支付市场。值得注意的是,在中国“一带一路”倡议的全面推进下,蚂蚁金服也开始布局印度支付市场,2015年它入股印度最大的支付平台Paytm,成为Paytm的大股东之一。据《福布斯》杂志报道,未来几年,印度数字支付规模将会达到5000亿美元,彻底掀起一场互联网支付革命。

支付革命是“互联网+金融”的一种形式。时下,“互联网+金融”模式早已起步,并进入了一个全新阶段。过去几年,我们对网上银行感到惊讶,人们可以借助网上银行直接从电商平台进行购物。后来,第三方支付彻底解放了电脑前的消费者。消费者可以带着手机消费、拿着手机去理财,甚至还可以拿着手机购买保险、申请贷款和分期付款等。某商户因为支付结算等问题，常常导致买卖过程中出现“等待延迟”的情况，给收益带来了较大影响。有了互联网支付，这个商户的支付、收款业务，完全交给了第三方平台。虽然大额转账仍有限制，但至少小额转账、支付非常灵活、方便。

支付是国家金融体系的血液，如果支付系统落后，国家金融体系就会如同罹患白血病般逐渐丧失运转功能。就像畅销书《支付革命：互联网时代的第三方支付》中表达的那样：支付是交易的终点、货币流动的起点，是最底层、最广泛的金融活动。支付是透视经济社会变革的万花筒，更是昭示经济社会变革的体温计。信息技术将生产者和消费者从烦冗漫长的手工作业中解放出来，创造了新的产业生态，也给支付带来重大变革。互联网的到来，恰恰创造了全新的产业生态，它不仅改变了全球商业模式，而且对传统支付方式发起了颠覆式的冲击。

互联网带来商业革命

新东方董事长俞敏洪表示，我们日常生活中好像什么都没发生，等到发生的时候，我们突然发现，进入了一个新的时代。俞敏洪先生的这种感受，恰恰也是许多经历者的感受。互联网时代的来临，就像一场风暴，席卷着世界。它改变了人们的思维方式、生活习惯、消费行为，甚至也改变了整个世界的商业模式。从互联网的出现到现在，互联网对传统商业模式有三个维度的革命。

1. 线上与线下的融合

传统商业模式，只有线下没有线上。没有网络的日子里，某超市经营者将所有的商品整齐划一、分门别类地放在货架上。为了吸引客户购买，这家超市举办各种打折优惠活动，想通过这些活动，拉动超市周边人群消费。但是这种模式，只在线下；上门消费的客户，也是周边社区的居民。这样的超市，如果不进行强有力的促销活动，就会遭遇“冷场”。互联网时代，超市经营者可以将超市搬到互联网上，成立一个线上商城。线上商城是面向世界公开的，它不局限于一个区域，营销的对象是整个互联网用户群体。如果线下与线上进行充分融合，超市就会做得无限大。互联网创造了电子商务，改变了传统商业的经营模式；互联网创造了社交网络，改变了传统商业的营销模式；互联网创造了大数据，改变了传统商业的管理模式。线上与线下的融合，犹如给传统商业安上了两条腿，两条腿走路，才能跟上时代潮流。

2. 重构供应链

有人认为，传统商业供给侧改革，需要重构供应链。传统商业的供应链，是仓库与渠道的衔接。只要渠道是通畅的，仓库是完整的，就能够向下游输送产品，满足客户的需求。随着互联网时代的来临，C2B 出现了。这种模式就是客户产生需求，企业按照需求组织生产。换句话说，C2B 是以需定产，而传统模式则是以产定需。C2B 对供应链进行了颠覆与重构，树立了以客户为中心的供应链模式。海尔集团成为家电行业 C2B 的践行者，它坚持做“看得见的生产线”，即生产透明化、服务链条透明化、平台透明化。这三个透明化，让客户看到了海尔集团的诚意以及每一款产品的研发、生产细节。通过这种方式，海尔集团在 C2B 上小有斩获。

3. 重构商业管理理念

客户的思维模式，决定商业模式的走向。很显然，互联网改变了客户的思维方式，进而改变了传统商业模式。以小米科技为例，小米科技董事长雷军认为，互联网思维就是：专注、口碑、极致、快。所谓专注，就是只专注一个领域，在一个领域内做好、做精，让客户感受到专业的力量；所谓口碑，就是改变产品在客户心中的地位，做到口口相传；所谓极致，就是用最好的服务、最好的产品体验，感动客户；所谓快，就是研发快、迭代快，各个合作环节都能快速做出反应。通过这种方式，小米科技快速成长为国内极有影响力的科技品牌。互联网让企业重新了解、审视客户的心理变化，让企业有针对性地做出管理上的改变，为客户创造衍生价值。

有人问：“互联网革了谁的命？”我想，互联网革了传统世界的命。它改变了旧世界，似乎又重新定义了一个新世界。

第四章

互联网时代商业模式特点

◯ 人性化的互联网

什么是人性化？简而言之，就是能够按照人的习惯、需求、爱好等提供产品或者服务。比如，看到顾客口渴，为顾客倒一杯水；看到顾客心烦意乱，为顾客排忧解难。总之，顾客需要什么，就能够提供什么。人性化，并不是一种形式，也不是一种手段，而是一种理念。如今，许多企业意识到人力资本的重要性，加强人文建设和员工职业生涯设计等，都是为了点亮人性化光环，让人的价值得到体现。

有人说："互联网更像一个机器，它是冷的，并未体现人性化特点。"还有人说："互联网拉近了人与人之间的距离，它的无界限、去权威、乐分享，恰恰是一种人性化的体现。"公说公有理，婆说婆有理。这些相对立的观点似乎都能讲得通。互联网到底是天使还是魔鬼呢？我们来看一个案例。

小黄是一位农民工，在南方某城市打工。他辛苦打工，就是为了在老家盖一所房子，娶一个媳妇。小黄工作之余，没有其他爱好，唯独喜欢上网聊天，与朋友们进行交流。后来，小黄通过微信认识了一名安徽女孩，这名女孩也在这个城市打工。因为有着相同的境遇和理想，两个人很快成了男女朋友。到了年关，小黄打算带着女朋友回老家过年，却犯了愁。

小黄表示，让自己犯愁的事有两件。一件事是他手头并不宽裕，除了按月寄回家的钱，他只留下一个人的生活费，不够两个人开支；另一件事是火车票的问题，如果让女朋友与他一起坐硬座，他实在过意不去。

为了解决这两件事，小黄并未向身边朋友求助，而是向互联网求助。他通过某平台，借了5000元，而后通过12306平台提前订了两张动车组火车票。可以说，在没有朋友的帮助下，互联网帮助小黄解决了两个难题。小黄带着女友回到老家，高高兴兴地过完春节，然后订票返回打工城市，并还了款。

有人怀疑，这个故事并未体现人性化的特点呀。买火车票可以提前排队，借钱也可以办理银行借记卡。但是仔细想想，互联网不是帮助小黄免除了排队之苦、开卡的麻烦吗？另外，互联网不是满足人们的交流需求，帮助许多人找到归宿了吗？当然这仅仅是其中一个方面。互联网带来的人性化更多体现在以下三个方面。

1. 人际关系

没有互联网的时代，人与人之间的关系需要双方走动、互访，才能维持下去。比如，过年过节，你要带着礼品去串门。如果不串门，双方的关系可能就淡了。互联网搭建了一个人与人互动的平台。人们完全可以收起"脸面"，在这个平台上自由交流。通过这个平台，人与人之间的交流更加顺畅，也能够避免环境带来的尴尬、性格带来的阻碍。对于企业来讲，借助互联网实现上下级的人际沟通，也是非常重要的一项管理工作。

2. 合作关系

互联网时代让人与人之间的关系变得更加微妙。许多人经营着自己的朋友圈，建立一种圈子合作关系。但是在过去，这种合作显然是不可能的。人与人彼此独立在一个区域内，除了亲朋好友，恐怕再无走动。传统时代的朋友圈是非常小的，有的小到可以掰手指去数。互联网时代，每个人都有一个圈子，这个圈子可大可小，这个圈子也是开展商业合作的基础。

3. 信任关系

俗话说，朋友不可少，交友要交心。如果不是知心朋友，恐怕人与人之间永远有一层不信任的隔阂。互联网时代到来后，这种状态有了较大改变。比如购物时，第三方平台担保支付就提供了一种"信任担保"，促使双方快速完成交易。虽然这种信任需要第三方进行担保，但是时间久了，就会产生一种现实信任关系。信任，恰恰是商业发展的基础。

除此之外，互联网大数据还解放出大量人力，让这些人从事更加舒适的工作。虽然互联网不是一个人，但是互联网的发展越来越有人情味。或许未来某一天，互联网拥有了人类 DNA，能够为人类提供更加人性化的服务。

个性化的互联网

其实，互联网时代就是一个个性化时代。个性化，是社会经济的标签；个性化，也是社会文明的标志。过去，有些人不喜欢个性，认为个性是一种有破坏力的元素。甚至在某些传统企业内，一个人过分显露个性会被评价为“锋芒毕露”或者“出风头”。因此，在一些特殊环境下，许多人压抑自己的个性，不显山、不露水，低调到没有个性、失去个性。当然，这只是封闭环境造成的情况。互联网时代是开放的、共享的、去中心化的，在这样的时代，展示个性才是价值体现。

（一）互联网时代是“畅享主义”时代

年轻人喜欢各类标签，喜欢用个性定义自己，不管是日常行为还是穿着打扮，都希望自己与他人不同。有一首流行歌曲叫《我们不一样》，不一样，就是人们追求的生活方式。有些人把这种个性追求定义为“畅享主义”。“畅享主义”也催生出新的商业模式，这种商业模式就是提供个性定制服务，满足消费者的“个性消费需求”。

我国南方地区有一家鞋帽公司，每个季度都会推出一批潮流新款。这家公司的设计师说：“我们公司的设计理念紧跟时代潮流，将当下流行的时尚元素纳入鞋帽制品中。消费者穿戴我们的产品，就是对当今潮流的最好诠释！”这家鞋帽公司的产品特别畅销，深受广大年轻人欢迎。还有一位从事 DIY 定制的年轻人，在某城市 CBD（中央商务区）开设了一家个性化 T 恤定制店。

他认为，根据客户要求，DIY 他喜欢的款式，比花 3000 元钱买一件奢侈品牌的 T 恤更有意义。许多追求时尚、不计较品牌的年轻人，花几十元钱就能够拥有一件标新立异的 T 恤，也是一件很幸福的事情。

“畅享主义”是一种个性化，也是一种商业标签。服务人们的个性要求，满足人们的个性需求，不就是一种商业发展方向吗？

（二）互联网时代是“摩登主义”时代

摩登是一种风潮，或者说是一种文化现象。以前，男人穿燕尾服、女人穿旗袍，去歌厅跳舞、喝咖啡、品红酒、遛狮子狗，是一种风潮、一种摩登、一种时尚。这种摩登，就是引领文化、消费的一种力量。互联网也是摩登的，而且它还带来了“摩登主义”。

如今，许多网络平台有自制的火爆网剧，这些网剧点击率高，影响力大，深受广大网民喜欢。以电视剧《老九门》为例，里面的时尚道具就成了风靡网络的畅销饰品。事实上，摩登并不是一种模仿，而是一种学习和致敬。“摩登主义”在扮演个性的同时，也引领了社会价值观。换句话说，个性化不是无理取闹，而是回归本质。商业模式回归本质，也就更能体现价值。

（三）互联网时代是“消费主义”时代

消费是拉动社会前进的主要力量，如果没有消费，也就没有商业。互联网时代标榜个性化，个性化就能带来新的商业模式。互联网时代的商业模式主要体现在以下四点。

1. 客户至上

坚持“用户思维”模式，时刻把客户当成上帝，用产品、服务满足客户需求，让客户满意。

2. 选择多样

满足客户个性的同时，为客户提供多种产品或多种服务。越单一越缺少个性，提供多样选择，才是最终出路。

3. 参与设计

互联网时代，消费者不满足于各种成品，而是乐意参与各种产品的设计过程。产品混合了个人元素，才具有标榜意义。

4. 注重体验

“消费主义”是一种愉悦的活动形式，体验是产生愉悦感的重要方式之一。因此，商家为客户提供个性化体验，才能满足客户对于个性化消费的需求。

马云认为，大规模是以往的模式，个性化、定制化才是未来。互联网时代，恰恰就是这样一个个性化、定制化的时代。

数据化的互联网

数据化这个词，如果放在二十年前，没有人知道它是什么、具有什么样的用途。数据化，是通过对一系列数据进行处理、分析、加工产生的化学反应。数据是信息时代特有的标志，它的英文是“Data”。数据有两大类：模拟数据和数字数据。模拟数据包括声音、图像、视频等；数字数据主要指文字和符号。这些数据并非毫无价值，反而携带着大量类似于DNA的重要信息，如果将这些零散的信息片段组合起来，就非常有价值了。互联网时代，所有的信息都是以这种数据的形式存在。换句话说，数据就是互联网价值的体现。

前几年，美国有一家名为Target（塔吉特）的超市火了。某一天，这家超市来了一位不速之客。一位中年顾客气冲冲地来到Target超市投诉，他认为Target超市的做法无比荒唐，因为Target超市给自己还在上高中的女儿邮寄孕妇及婴幼儿用品及服装广告。后来Target超市经过调查，给了这位中年顾客一个解释：“您的女儿将于八月份诞下婴孩，这并非是Target超市的错。”

这个秘密到底是如何被Target超市发现的呢？真相是这样的：每一

位去Target超市消费的顾客，消费过后都会有一个特有的识别记录被保存下来。也就是说，识别记录等同于一个人的DNA，它能够记录顾客所有的购物信息，其中包括购物的品种、生产日期、规格等。因此Target超市也能够记录中年男子女儿持卡购买的一切物品，比如无味湿纸巾、补镁制品等孕妇所用的物品。Target超市经过数据分析得出，中年顾客的女儿怀有身孕，并预测出分娩时间。这个看上去十分“狗血”的故事，并非是人为造假，而是著名的《纽约时报》刊登的真人真事。Target超市进行数据处理的唯一目的，就是对顾客进行精准服务。这个故事颇具争议，但从商业角度讲，这样的做法是具有典型意义的。

有“大数据之父”之称的舍恩伯格认为，世界的本质就是数据。数据就是整个世界的DNA，谁掌握、拥有了数据，并对数据进行了有效处理和利用，谁就能把数据转化成黄金。因此有人认为，数据就是一座取之不尽、用之不竭的金矿。数据与互联网的关系，就像儿子与父亲的关系。

与数据化共同出现的一个词，是用户价值。用户是互联网市场的裁判员，只有用户认为好，互联网市场才是有价值的。用户价值与数据存在一种什么样的关系呢？互联网用户，其实也是一种数据信息，这一组数据包括用户的姓名、联系方式、家庭住址、工作单位、收入状况、个人喜好、生活习惯等。如果一家企业能够掌握这些数据，并对这样的数据进行分析，就能对互联网用户了如指掌，甚至可以说是“知己知彼”。

如今有一些公司，从事数据管理的专项工作，甚至靠“卖数据”、提供“配套服务”为生。它们为企业、银行提供服务，帮助企业、银行整理数据、分析数据。当企业、银行掌握足够多的数据信息后，就能对不同的客户采取有针对性的营销策略。阿里巴巴作为互联网知名企业，一直坚持互联网数据管理工作。马云表示，未来几年要把一切业务数据化，一切数据业务化。由此可见，数据就是一种价值。

俗话说，得民心者得天下。互联网是数据的天下。想要从互联网中获取财富，就需要从互联网中获取数据。数据化，就是对数据的采集与处理。数据化管理，也将是创造商业价值的重要手段。

平台化的互联网

提到互联网三个字，大多数人会联想到平台。其实，互联网就是一个平台，而且还是一个开放的、共享的、功能齐全的综合性平台。人们在互联网平台上可以社交娱乐、买卖商品、投资理财、营销生产；互联网平台几乎可以满足互联网用户的一切需求。

周某是某开锁公司的老板。开锁对技术要求很高。用周某的话讲："不是在派出所备个案就能够注册开锁公司，里面还有很多学问。"

起初，周某的生意非常好。白天、晚上都不闲着，几乎可以用"马不停蹄"来形容。但是随着时间的推移，许多人看到开锁这门生意收入十分可观，也纷纷加入开锁大军。这几年，开锁公司越来越多，市场竞争也开始加剧。周某的生意开始下滑，一天也接不到几单生意。为了节省公司开支，周某辞掉两名技术员工。就在这个时候，周某发现该城市某生活配送网站做得如火如荼，而该生活配送网站就是一个靠互联网下单的家政服务平台。周某开始思考：如果能够与这样的网络平台建立关系，就会提高下单率。

于是他想办法与许多平台进行合作，有些平台是免费的，有些平台也仅仅收取一笔很少的广告宣传费。通过这种方式，周某的开锁生意渐渐有了起色。后来，周某尝到了甜头。他组建了一个团队，设计了一个上门开锁的 App。许多人下载开锁 App，直接从 App 上下单、付款、评价。通过这种方式，周某把开锁公司做成了连锁公司，成了名副其实的"开锁大王"。

借助互联网平台挖掘到黄金的人还有许多。互联网技术的开发与应用，给现代商业模式带来了非常大的变化。这些变化，也促进了企业、银行、个人商户向互联网平台化发展。通常来讲，互联网平台化可以为人们带来三大好处。

1. 创新营销模式

传统的营销模式有三种：分销、直销与经销。分销，就是通过传统的渠道营销，厂家将产品铺到终端窗口，客户来终端窗口进行选购。直销，就是厂家不经过传统渠道，而是直接将产品卖到客户手上。经销，就是厂家与经销商签订合同，然后将产品交给经销商，由经销商负责营销。不管是哪一种营销模式，都离不开大量的营销人员。

互联网营销平台则完全不同。它完全可以提供网上终端窗口，或者授权给厂家进行互联网营销。这种营销方式，也就是我们常说的电商营销模式。电商营销，不仅节省劳动力，而且节省了终端窗口的入场费和摊位租赁费。我们用创新二字形容电商平台营销一点也不为过。

2. 创新渠道模式

传统的营销渠道，就是逐级发展代理，全国总代理授权省级代理，省级代理授权市级代理，市级代理授权区域门店。这种营销渠道，看上去就像一条“主干道”分出若干“分干道”，看似主次分明，实际上会受时间、空间的约束。另外，这种传统渠道营销，存在较大的压货风险。为了刺激代理商营销，商家常常给予优惠政策。事实上，优惠政策就是商家的一种折价营销。

互联网出现之后，许多企业借助互联网平台拓展营销渠道，取得了很好的成绩。常见的互联网营销渠道有微博、微信、QQ、论坛等，像口碑营销、新闻营销、图片营销、软文营销、事件营销、游戏营销等都可以借助这些渠道来完成。如果能够将这些营销渠道打开，就会大大提高产品的销售量。

3. 创新供应链合作模式

可以将互联网时代的供应链，看成一种集成化供应链应用形式。这种应用，让上下游不同的企业成为互联网中的两个端点。其中一个端点发出命令，另一个端点就开始启动供应链传输。这种模式，不仅让上下游企业得到了有机串联，还减轻了产品库存压力。上游企业资金宽松了，就会拿出更多资金进行产品研发。这对提高整个产业的核心竞争力也有非常大的帮助。

除此之外，互联网还改变了传统的生产平台、管理组织平台、监督控制平台、社会服务平台等。互联网自身的平台属性也为广大的互联网用户、企业等打造了一个新平台。

◯社群化的互联网

人们常常会提到人脉二字。人脉是什么呢？人脉就是人际关系网络，人脉越广，关系渠道也就越多。俗话说，人脉就是关系，关系就是效益。也有人说，人脉就是钱脉。人脉如同一棵树的根系，树的粗壮程度、茂盛程度，与自己的根系息息相关。胡杨之所以能够在沙漠中生存，是因为它有强大的根系。如果一个人、一家企业的人脉像胡杨的根系那样，也定会发展壮大。

人脉是一种人际关系。传统的人际关系是通过“三勤＋人品”构建起来的。所谓“三勤”，就是腿勤、手勤、嘴巴勤。这里的“勤”，是一种服务意识。在“勤”的基础上展现自己的人品，就会收获自己的人脉。很显然，一个乐观的、外向的、外拓能力强的人，会拥有好的人脉。互联网时代，是否依旧延续这样的情形呢？显然有较大的变化。

李某是工艺美术学院毕业的学生。毕业之后，他去了景德镇，在一家陶瓷厂从事瓷器绘制工作。这份工作枯燥而艰苦，长期低头工作还会引起职业病。几年后，李某也出现了严重的颈椎病症状：头晕眼花、胳膊麻木。最后在医生和家人的劝说下，他离开了陶瓷厂，成了一名景德镇高温陶瓷商贩。创业是艰难的，连续几天不开张，他开始感到沮丧，觉得无聊时，用QQ或者微信打发时间。

后来，他误打误撞进了一个“手绘茶具拍卖群”。群主是一位“90后”，在这个2000人的QQ拍卖群里，每周进行两次拍卖，每一次拍卖都可以成交3000元左右的商品。李某深受启发，他想：为何我就不能组建一个拍卖群呢？经过一个月的筹备，李某也创建了一个拥有1700人的拍卖群。他一周开拍两次，每一次都能够赚到1000~2000元。有了这种动力，他创建了多个QQ拍卖群和微信拍卖群。借助社群拍卖，他不仅卖掉了自己的库存，而且还找到了一条致富道路。

这个故事，是一个互联网平台创业的故事。许多年轻人都在利用互联网虚拟平台或社交工具经营自己的商业帝国。因此有人说："社群化是互联网的一种终极形态。"而阿里巴巴CEO张勇认为，商业正从物以类聚走向人以群分。互联网可以把一群志同道合的人聚集在一起，形成一种"兴趣圈"。当这个"兴趣圈"完全沉淀下来时，就会形成一种由信息、服务、商品组成的商业社群。在这个社群里，人人都有话语权，人人都可以是产品经理和销售人员。美国作家克莱·舍基在《人人时代：无组织的组织力量》一书中提及社群的三大基础：共同的目标、高效率的协同工具、一致行动。

1. 共同的目标

互联网社群最大的特点，就是"志趣相投"。以豆瓣社区为例，豆瓣社区下有许多许多的分类社区。喜欢美食的美食达人会聚在一起探讨烹饪技艺与食材选择；喜欢电影的电影达人会聚在一起讨论电影的好坏；喜欢文学的文学爱好者也会彼此交流、发表看法。相同的志趣，也会让社群成员有一个共同目标。美食社群的共同目标是提高烹饪技艺、享受美好生活；电影社群的共同目标是分享好电影、提升观影品位……

2. 高效率的协同工具

协同工具是一种计算机系统，这种工具的主要作用就是提升人们的工作效率。如今，有非常多的社群协同软件，借助这些软件和程序，社群创建者可以对社群实行高效管理。协同工具可以让社群交流更加顺畅、有趣，还能将社群营销发挥到极致。

3. 一致行动

通常来讲，社群是人们因共同目标和价值观自发成立的组织，这个组织本身就具有一致性特点。社群中的每一个人，都是独立且相互关联的，但是这种关联不是强迫性的，拥有着较大自主性。一个社群如果能够去除掉权力、地位等干扰因素，就会自发产生一种动力。在这种动力驱使下，社群成员就会形成一致行动。换句话说，社群就是一个团队。

互联网时代，网络将用户进行了精确分流。这种分流，就会形成数以万计的社群。社群化是互联网时代的主要表现形式，同样也是影响商业模式进程的重要元素。

第五章

互联网与大数据

⬡ 大数据的定义

互联网是一个包罗万象的世界，它的到来让许多人手足无措。有些人非常好奇，互联网到底是什么样的呢？凭借这种好奇心，他们打开电脑，点开浏览器，发现互联网以一种数据符号的形式呈现在人们眼前。互联网就是将世界数据化，每一个数据承载着一定量的世界的信息。掌握的数据越多，对这个世界也就越了解。因此，大数据的概念也就出现了。

顾名思义，大数据就是规模庞大的数据集合，这个数据集合庞大到难以用普通软件进行捕捉，必须要采取新方式来运算、处理，才能体现出其洞察力、决策力、优化力等信息化资产的特征、特性。大数据的概念有些晦涩难懂，但是它却拥有巨大的能量。美国麦肯锡公司给出的定义是：大数据指的是大小超出常规的数据库工具获取、存储、管理和分析能力的数据集。但它同时强调，并不是说只有超过特定 TB（千千兆）值的数据集才能算是大数据。俗话说，一百个人眼里有一百个哈姆雷特。言外之意是，对于大数据的概念各人有各人的看法。但是大多数人认为，大数据最大的特点就是大，这个大就说明了一切。那么多大的数据集合才能算得上大数据呢？

工信部信息化和软件服务业司副司长李冠宇认为，大数据的定义最初与容量有关系。这个容量，就是前面提到的 TB 值。随着信息化处理能力的提高，这个固定值也逐渐被打破了。随着人们理解的深入，大数据的大还有两个维度：第一，时间积累下来的数据；第二，深层细化下来的数据。时间积累下来的数据是比较好理解的，随着时间沉淀就会积累下来大量相似、不相似、相关、不相关的数据；深层细化下来的数据，更像是原子分解，数据在同一区域内进行细化、分解，如同原子分解为电子和原子核，原子核继续分解为中子和质子，如果无限细分下去，这样的数据集合也是相当惊人的。大数据的大，更多是技术层面上的。马云表示，很多人以为大数据就是数据量很大，其实大数据的大是大计算的大，大计算 + 数据，我们称之为大数据。

"大数据之父"舍恩伯格在《大数据时代》一书中表示：大数据并非一个确切的概念。最初，这个概念是指需要处理的信息量过大，已经超出了一般电脑在处理数据时所能使用的内存量，因此工程师们必须改进处理数据的工具。这导致了新的处理技术的诞生。这些技术使得人们可以处理的数据量大大增加。更重要的是，这些数据不再需要用传统的数据库表格来整齐地排列——一些可以消除僵化的层次结构和一致性的技术也出现了。同时，因为互联网公司可以收集大量有价值的数据，而且有利用这些数据的强烈的利益驱动力，所以互联网公司顺理成章地成了最新处理技术的领头实践者。换句话说，大数据就像一个未被挖掘的金矿，如果利用技术进行开采，大数据将会给人们带来源源不断的财富。

大数据虽然很大，但并不是杂乱无章的。如果经过细致挖掘、分析，我们就能够找出大数据背后的秘密以及隐藏着的规律。2009 年，谷歌公司在美国《自然》杂志上发表了一篇关于冬季流感大暴发的预测论文，引起轩然大波。后来证明，谷歌公司的预测是准确的。人们好奇，谷歌公司是如何做到的呢？谷歌公司把 2003 年到 2008 年大约 5000 万条有关"流感"词条的检索进行了整理和统计，从中发现了冬季流感的暴发规律。谷歌通过大数据分析预测得到的结论，与美国疾控中心统计的数据结论几乎一致。由此可见，大数据隐藏的价值非常值得挖掘。

事实上，大数据就是一种"战略性"资源，这种资源不仅可以提供决策力，还可以为商业经营、社会管理、民生服务、风险控制等多个方面提供帮助。

⬡ 大数据 4V 特点及商业应用

舍恩伯格表示，大数据的科学价值和社会价值正是体现在两个方面。一方面，对大数据的掌握程度可以转化为经济价值的来源。另一方面，大数据已经撼动了世界的方方面面，从商业科技到医疗、政府、教育、经济、人文以及社会的其他各个领域。大数据隐藏着各种有价值的能量，这些能量若释放出来，就能够帮助人们解决许多重要问题。

2001 年，麦塔集团分析员道格·莱尼提出，数据增长的挑战与机遇存有三大特点，即 Volume（大量）、Velocity（高速）、Variety（多样）。这三大特点，也被业界称为 3V 特点。随着时间的推进，人们在数据处理能力方面有了非常大的进步。IBM 公司在道格·莱尼的 3V 基础上增加了 Veracity（真实性）这一特点，从而形成了被当下所公认的大数据 4V 特点。

1. 大量

人们对于数字的概念，自古就有。人类发明阿拉伯数字，让数字有了一个量化概念。不管是从 1 到 100，还是从 1 亿到 1 兆，数字恐怕是无限的。有人问："宇宙有多少颗恒星？"与之相对的问题是："沙漠有多少粒沙子？"如果我们掰着手指去数，恐怕一辈子也数不完。事实上，整个世界的数据也像恒星、沙子一样多。这些大量的数据就像被撕碎的 DNA 一样，它们带着各种各样的信息，在互联网上以个体或者团体的形式存在。那么全世界有多少数据呢？据不完全统计，2013 年，全球数据数量约为 4.4ZB[①]，2014 年约为 6.2ZB，2015 年约为 8.6ZB，2016 年约为 12ZB，2020 年预计为 40ZB……如果将这些数据转化成书，能够覆盖美国国土数百层。由此，我们就能感受到数据的能量就像太阳散发出来的光芒一样强烈。

2. 高速

说到速度，我们首先会想到飞人博尔特的百米速度 9 秒 58，这个速度接近人类的极限。人类跑得快吗？事实上，人类的奔跑速度连一只猫、一只狗都不如。陆地上奔跑速度最快的猎豹，最快速度超过 100 千米/小时，这样的速度与高铁、飞机、火箭不具备任何可比性。事实上，数据诞生与传输的速度也是非常快的。如果一个企业、组织能够快速处理数据，就能抢先一步占领市场。快速处理数据有哪些好处呢？通常而言，它有三个好处。其一，快速处理数据就是争取宝贵时间。俗话说，时间就是金钱。其二，数据是有时

①ZB：泽字节，计算机术语，代表十万亿亿字节。

效性的，处理得越快，数据的有效性就越明显。其三，数据就像一个“细胞”，有自己的年龄。抢在“衰老期”之前对数据进行处理，才有实际价值。高速，就是财富的代名词。

3. 多样

中国有百家姓，国外的不同民族也有自己的姓氏。正因如此，才组合成一个丰富多彩的世界。事实上，数据也有非常多样的类型，就像人的种族和姓氏一样。随着互联网和科技的延伸，越来越多新数据类型也在不断产生。比如，数据有数字型、字节型、文本型等。这些不同类型的数据来自不同的地方，有的来自社交论坛、有的来自搜索引擎、有的来自电子邮件等。我们对不同类型的数据进行梳理、分析，就能找到其中的规律。数据之间的这种规律，能够起到预测的作用。

4. 真实性

如今，人们对互联网的虚假信息有所顾忌。什么是真的？什么是假的？这些数据也有真李逵和假李逵。所谓真李逵，就是那些高质量、高价值的数据；所谓假李逵，就是那些低质量、低价值的数据。对于现在的企业来讲，追求高质量、高价值数据是非常重要的。高质量、高价值的数据，才能够为企业的决策指明正确的方向。

大数据虽然非常有价值，但掌握处理大数据的技术更为重要。只有抓住大数据的“灵魂”，才能让数据为我们所用。

大数据六大商业化模式

大数据就是宝库，如何让大数据变现，似乎是一个令人头疼的难题。但是不管如何，大数据时代已经来临。舍恩伯格在《大数据时代》一书中表示：大数据是人们获得新的认知、创造新的价值的源泉；大数据还是改变市场、组织机构，以及政府与公民关系的方法。习近平总书记也曾在中央政治局第二次集体学习时强调，大数据发展日新月异，我们应该审时度势、精心谋划、超前布局、力争主动。

卢某是一名普通白领，他有一个外号，叫“杀价狂人”。卢某的朋友是这样解释“杀价狂人”的：“卢某总能够买到性价比最高的同类产品，他的杀价方式并非‘拦腰砍一半’，而是比价。”

比如，卢某看到一款心仪的 NIKE（耐克）鞋，就登录各种 NIKE 正品店网站进行价格比较。起初，他发现有一家天猫店只卖 599 元，而且还可以领取满 500 减 80 的代金券。算下来，这双 NIKE 鞋只需 519 元，这样的价格相当于实体店同款标价的 4.3 折。后来，卢某又登录比价网站进行比价。经过系统比较，他找到另一家正品天猫店进行下单购买，这家店的同款 NIKE 正品鞋只需要 497 元。卢某是一名不折不扣的网购专家，他的许多朋友、同事都委托他进行代购，从而买到既便宜、质量又好的商品。

现实中，像卢某这样的购物达人还有许多。一个简单案例，就揭秘了比价网站如何借助大数据对各大电商平台、网店的价格、口碑、购买数量进行排序。比价网站通过这种方式获得了登录流量和互联网用户的相关数据，并从中取得了利润和财富。大数据时代，还有哪些商业模式值得关注呢？

1. 空间租赁

数据空间租赁业务，有点像房屋租赁业务。许多企业、个人对数据存储有迫切的需求。比如，某影楼为了保存大量的高分辨率照片，既购买了 U 盘（优盘），也购买了移动硬盘，存储空间依旧不够。因此，该影楼花钱购买云盘服务。每个月只需要几块钱，就能够满足所有的存储需求。

2. 客户管理

如今，有一个非常时髦的系统，叫 CRM 系统。这个系统也被称为客户关系管理系统。这个系统就是依托客户数据，利用先进的信息处理技术，对客户信息进行收集、分类、分析、匹配、利用。如今许多企业都在使用 CRM 系统进行客户管理。这类客户关系管理系统，能为研发者带来财富。

3. 决策指导

有人认为，企业的发展前途，完全借助于决策。如果决策失败了，恐怕就会影响到企业的发展。许多管理者不会做决策，或者担心做错决策。如果此时引入“大数据管家”，决策问题似乎就能解决了。对大数据进行处理、分析，我们就能够找出变化规律，协助企业管理者做决策。

4. 精准推送

过去，人们对各种推销短信感到无奈，甚至启动“短信过滤”对各种商业推销短信进行拦截。事实上，人们不是讨厌推销，而是讨厌这种漫无目的的骚扰式推销。如果借助大数据，商家的推送就会更加精确有效。比如，某人想要买一款新手机，商家就能够对其进行精准推送。

5. 数据搜索

很多人遇到问题时，都会对相关问题进行检索，以此来寻找自己想要的答案。如今，搜索引擎网站很多，但是搜索内容的精确度、匹配度、专业度都不够高，于是，就催生出一项新业务：精确数据搜索。大数据的科学运用，完全能够帮助人们实现精准数据搜索。

6. 社会管理

如今，许多政府部门也开始利用大数据对社会进行管理。比如，某些知名科技公司为政府部门提供数据分析服务。通过数据分析，政府部门可以优化交通管理、优化医疗服务管理、优化就业管理等。

除此之外，大数据还能提高产业化服务，帮助企业、组织解决资源分配等难题。

大数据的五大核心功能

数据就是一种价值符号，从某种角度看，数据等同于货币。随着互联网的发展，越来越多的数据被创造出来。这些数据覆盖世界的每个角落，甚至连人的头发、指纹信息也都变成了数据。因此有人认为，大数据是与物联网、云计算齐名的三大技术革命。

大数据掌握着世界大多数事物的核心机密，如果能够解开这些机密，就犹如揭开 DNA 的神秘面纱那样有意义。解开机密，就能对财富资源进行有效挖掘。许多企业、银行利用大数据做决策、布置经营战略、为客户提供更加精准的营销和服务。那么大数据到底有哪些核心功能呢？大数据具有以下五大核心功能。

1. 细分市场

互联网时代是客户至上的时代，客户成为决定市场的重要因素。对于企业而言，客户也就成为稀缺资源。有人说："充分利用客户资源，对客户资源进行细化分类，才能进行节省有度的客户资源开发工作。"大数据能够帮助企业细分客户市场，对客户进行分类整理。另外，大数据还能够分析出客户的喜好、习惯、沟通方式等，让企业快速地了解客户，从而确定有针对性的营销方式和产品，满足客户需求。

2. 加强决策

如今，许多管理者依旧按照老习惯做决策。这些老习惯都是些什么习惯呢？有人按照既往的发展曲线、结合当前的市场环境做出预测；有人完全凭借以前的管理经验去判断、决策；有人则是采取集思广益法，让董事会成员进行总结、投票；还有人完全凭借"直觉"……总之，这些决策方式都有一定的主观性和局限性。大数据则不同，它能够找出管理者不易发现的各种规律，找到企业发展的生命曲线。因此，借助大数据能够帮助管理者做出客观的、正确的决策。

3. 加快创新

没有技术革命的支持，人类的创新能力是非常有限的。在茹毛饮血的原始社会，人类只能制造简单的石器工具。技术革命加快了人类对世界的改造、工具的创新的速度。以大数据为例，大数据出现后，许多互联网金融平台打破了传统金融"一统江湖"的局面，借助大量数据资源构建了信用体系和信用模型。与此同时，大数据也改变了整个商业模式的发展途径。许多企业借助大数据聚焦、聚力创新改革，也取得了非常好的成绩。

4. 人性服务

大数据能够帮助企业推出更加人性化的服务。例如，某教育集团采取大数据管理之后，对每位学生进行数据化分析，从而找到学生的性格特点、学习偏好、学习方式、努力程度等密码，然后对学生采取“一对一”的、因材施教的特色辅导方式。这种辅导方式不仅有效，而且能够帮助学生快速提高学习成绩。也就是说，大数据同样能够帮助企业了解客户需求，找到精准服务的突破口。

5. 驱动智慧

互联网时代，智慧社会成为可能。据权威部门统计，我国已经有百余个城市成为智慧城市试点，还有越来越多的城市有建设智慧城市的宏伟目标。大数据推动智慧产业发展，能够帮助人们建立智慧社会、和谐社会。从某个角度看，大数据就是智慧驱动力，并能加快供给侧结构性改革。

当然，大数据的功能远不止这些。比如大数据还可以帮助企业创新管理模式，加速管理改革。利用大数据，借大数据之力，我们可以创造一个新世界。

“大数据＋云计算＝商业智能”

提起大数据，人们还会联想到一个词：云计算。云计算是何物呢？简单地说，云计算是一种服务，这种服务可以提供有针对性的、快捷的访问模式。云计算中的云，就是一种资源池，云计算能够提供动态化、扩展化、虚拟化的资源。那么，云计算有什么应用呢？它常见的应用有以下六种。

1. 云物联

云计算是筹建物联网的基础条件。物联网虽然是一张网，但是这张网的核心依旧是互联网。可以说，没有互联网也就没有物联网。物联网的拓展，需要利用大量的互联网技术，云计算就是其中一项。

2. 云储存

如今有许多网站提供在线云盘服务，云盘就是云储存的一种方式。云储存，也是基于云计算而产生的新事物。通常来讲，云计算需要配置一个强大的储存空间，云计算系统也就能转变成一种云盘。

3. 云安全

许多人都知道，买来新电脑并安装好系统后，第一件事就是为其安装杀毒软件，用来保护电脑安全，确保个人隐私、财产不受损害。但是云安全比单个杀毒软件的威力要强大很多，如果某个网站被“挂马”，就会立刻被云安全拦截，给网络用户一个安全的上网环境。

4. 私有云

单纯从字面上看，我们就可得知：这项服务是针对内部环境的。许多企业建立私有云，以使企业内的各个部门共享企业资源。比如光大银行选择建立私有云对资源进行统一规划、调度，大大提高了管理效率。

5. 云会议

如今许多企业之所以能够跨区域开会，就是因为它们采用一种云会议技术。许多企业进行线上可视会议，会议上可以视频、可以发语音、可以输入文字，也可以上传、分享图片、表格。云会议就是云计算与互联网的一种结合，它帮助企业解决了跨区域开会的问题。

6. 云社交

如果网上用户集中在一个资源池内，分享、经营自己的生活，就会形成一种社群、社交空间。云计算技术能够为网上用户提供精准服务。另外，进入资源池内的用户越多，云计算技术创造的财富也就越大。

另外，云教育、云游戏、云电视、云相册、云邮箱等，丰富了这个世界。

大数据与云计算都是互联网时代极具颠覆能力的技术，如果将两者进行结合，会不会擦出“火花”呢？事实上，“大数据 + 云计算”就是一项综合技术，这项技术能够催生出商业智能。

谷歌有一个举世闻名的平台 Google Cloud，人们称它为谷歌云平台。谷歌公司为了建立一个功能强大的、吸引人的平台，将谷歌自家的好产品都放在了 Google Cloud 上。因此，Google Cloud 也为谷歌带来了丰厚的利润回报。Google Cloud 可以解决谷歌日益增加的数据处理任务及需求；帮助谷歌内部分布式系统方向背景的员工进行大规模数据集并行运算；处理巨量数据，为谷歌搜索、谷歌地图、谷歌打印、谷歌财经等提供技术支持。Google Cloud 为互联网用户提供了功能强大的智能云服务，Google Cloud 就是云计算与大数据结合的产品。

除了 Google Cloud 外，我国也有新浪云、腾讯云、百度云、阿里云等各种云服务，这些服务也是云计算与大数据结合的产物。由此可见，云计算与大数据并非是“独立单元”，而是可以共同运用的。

第六章

互联网时代的跨界融合

○新常态下的跨界思维

当下，“跨界”这个词非常时髦。许多人都在玩跨界，比如影星登上舞台表演小品，小品演员客串歌星，主持人去剧组拍影视剧等。有人认为，跨界是一种不务正业，爱一行应该专一行。还有人认为，跨界是一种勇气，是时代的产物。跨界，就是一种跨越，这种跨越不仅需要勇气，还需要一点实力和一种开阔的胸怀。跨界思维，是一种多角度、多视野看待问题并提出解决方案的思维方式。跨界思维是一种思维境界，互联网时代，更需要用这样一种思维解决问题。

马云表示：经常有人说阿里为什么什么领域都参与，什么都要做。因为互联网是一场技术革命，不应有界，而是要融入各行各业。这里提到了一个词：参与。事实上，参与也是一种境界。如果能够玩转多个领域，这个人一定是非常厉害的。

有着中国互联网“三巨头”之称的百度、腾讯、阿里巴巴也都在玩跨界。百度 CEO 李彦宏认为，很多创新是在跨界、跨学科，是在很多领域交叉的地方出现的。比如许多公司能够为一些企业提供跨界技术，这些技术可以同时运用在多个领域。还有一些传统行业也在玩跨界。例如，某房地产公司在当地颇有影响力，这种影响力渗透到各个领域内。后来，这家房地产公司进军旅游产业，圈地种树、治理河道，不仅美化了环境，而且从旅游市场分得一杯羹。另外，这家房地产公司还有进军餐饮领域的想法，该公司董事长认为，新常态下，每一个领域都面临激烈的竞争。如果能够从单一领域成功跨越到多个领域，就会将这种竞争压力与经营风险进行分摊。对于具有跨界思维的管理者而言，他们看到的更多是新市场。

知名互联网品牌阿芙精油曾经用八年时间创造了十亿元市值。这家公司，也是玩转跨界的高手。首先，阿芙精油在线上推出一款名为“姨妈三宝”的产品组合。一听这个名字，大家就明白“姨妈三宝”的主打功效。“姨妈三宝”中的三宝有阿芙玫瑰按摩精油、大姨妈小助手、福海堂玫瑰花茶。而后，这家公司找来高手为其写广告段子，采用当下的时尚文体。这样的营销软文，恰恰抓住了大量线上用户的心，并将她们培养成“姨妈三宝”和阿芙精油的忠实“粉丝”。

如果说阿芙精油只是做了产品跨界和整合，那就大错特错了。阿芙精油的老板孟醒还跨界进军了餐饮行业和美甲行业。他借助互联网跨界思维成功打造了雕爷牛腩、薛蟠烤串、河狸家美甲。玩转跨界的“雕爷”孟醒认为，其实行业经常是被门外的“野蛮人”改变的，因为很多行业内人士多年在一个行业，思维方式比较固守传统，而门外的“野蛮人”往往会带着全新的别的行业的思维来改造一个行业，跨界经常是这个样子。

跨界思维是一种开放式的、发散式的思维方式，还是一种“反传统”、敢于打破常规的思维方式。从某个角度来讲，跨界与反其道而行之一样“叛逆”。但是这种“叛逆”却创造了惊人的商业奇迹。做电子商务的阿里巴巴跨界到金融领域取得了成功，做房地产的万达集团投身到影视、文化产业也取得了不错的成绩，做服装设计的阿玛尼公司进军酒店业也赢得了口碑……可以说，跨界思维就是一种创新，而创新恰恰是互联网时代的一大标志。

跨界融合的四大趋势

有人把跨界思维看成一种“普世智慧”，认为这种智慧是一种兼容并包的、胸怀天下的智慧。有人怀疑：一个木匠能做好厨子吗？凡事无绝对，跨界成功的人有许多，舞蹈演员成为电影明星，退役体育明星成为商界精英，服务员成为著名相声演员……过去老人们常说："隔行如隔山。"互联网时代，行业与行业之间似乎没有太大的隔阂。

跨界意味着重组，它将两种不同的行业和区域兼并结合在一起。有一位相声演员，有二十年表演经验，赢得"粉丝"无数。按理说，这位演员完全可以在自己的相声演绎道路上一路奔驰，无须顾忌其他。有一天，这位相声演员去一家饭店吃饭，这家饭店为了吸引顾客，请来民间艺术团进行表演。令他没有想到的是，这家饭店通过这种"餐饮 + 表演"的方式既赚了口碑又赚了黄金，于是他也有了一个"将相声剧场搬进餐馆"的想法。后来，这位相声演员跨界做餐饮，并将餐饮与相声表演进行了融合。这个方式，把一家即将破产关门的餐饮公司救活了。因此，利用跨界思维进行资源整合与产业融合并不是天方夜谭，而是一件非常"靠谱"的事。

互联网时代，产业跨界融合有四大趋势，这四大趋势也代表着未来商业模式的变化方向。

1. 服务业与制造业的融合

传统的服务业，以输出服务为基础，比如美容美发行业，只提供美容美发服务，而不会研发、生产、推出相关产品。传统制造业也是如出一辙，以输出产品为基础。互联网时代，服务业需要同时输出服务与产品，才能满足消费者的高级需求；制造业需要借助良好的服务才能把产品卖出去。在这样的新环境下，服务业与制造业需要进行融合。比如，旅游业是一种休闲服务行业，人们开始有意识地将旅游业进行升级，为游客提供特色旅游产品，同时带动与旅游相关的农业、纺织业、制造业等其他产业。这样的合作，是一种资源共享、利益共享的合作。

2. 互联网行业与传统行业的融合

互联网行业是全新行业，以输出技术、提供平台为主；传统行业，主要指传统实体行业，也是一种线下行业。原本这两个行业，完全像平行线，永远不会存在缘分，但是跨界思维让许多企业家看到了互联网行业与传统行业相结合带来的潜力和价值。如今，互联网企业正在对传统行业进行垂直整合，逐渐打造一条"产供销服"链条齐全的、线上与线下互动的商业新模式，其中极具代表性的就是实体电商。随着大数据和云计算新技术的应用，互联网行业与传统行业的合作还会更加紧密。

3. 技术行业与工业的融合

互联网时代催生出一些以输出技术、科技专利、工业设计为主的设计企业，这些企业主要给下游客户提供技术支持、产品设计等服务。传统工业有五大生产领域，即机械、电子、材料、动力、仪器仪表。这些生产领域，属于一个国家的工业支柱。如果提高这五大生产领域的发展水平，就能提高国家竞争力。因此，技术行业与工业的融合就势在必行了。其中新材料技术、3D（三维）打印技术、新能源技术、智能机器人技术与遥控传感技术等成为影响工业升级的核心技术元素。将这两个行业融合，可以提升工业革新力、国家竞争力。

4. 金融投资与实体投资的融合

许多人会把金融投资和实体投资看成同一领域，实际上二者差别很大。金融投资的投资主体为金融财产，实体投资的投资主体为实物；金融投资的主体是间接投资者，实体投资的主体是直接投资者；金融投资的投资目的是财产增值，实体投资的投资目的是从事生产经营活动。互联网时代，金融投资需要实体投资的实体，实体投资需要金融投资的资金。只有二者融合，相互渗透，才能让双方受益。

跨界融合是一种趋势，在跨界融合过程中，我们还要保持清醒的头脑，坚持“科学跨界”与“有机融合”相结合的思路。跨界有风险，融合需谨慎。我们在对的时机、对的方向、对的环境下选择跨界融合，才能展现出强强联合的优势。

跨界融合让商业转型升级

有一家食品公司，主要生产月饼、蛋卷、饼干等食品，在当地颇有名气，销售量与市场占有率也比较稳定。进入21世纪后，当地的食品加工发展十分迅速，从事月饼、蛋卷、饼干加工的公司也越来越多。在激烈的市场竞争面前，这家食品公司的效益下滑，老板连续三年没有给员工涨薪。

许多人都认为，这家食品公司恐怕会逐渐衰败下去。但是这家公司的老板却决定卖掉旧厂区，筹集资金进军饲料行业。他筹集了两千万元资金，收购了一家效益下滑的饲料厂，然后以食品级标准去研发、生产日益兴起的宠物饲料，比如猫粮、狗粮、宠物罐头等。这一跨界，竟然一炮打响。几年之后，这家食品公司又涉足连锁酒店、投资等许多领域。虽然经营得有好有坏，但是食品、饲料等核心产业却得到了长足发展。这家公司的老板认为：跨界的目的就是汲取多种营养，把这种综合管理经验运用在核心产业上，才会让产业转型升级。

跨界融合不是一种娱乐，而是一种跨界取经。前几年，人们还在热烈讨论丁磊养猪："互联网企业老总能把猪养成什么样子呢?"没有人相信，丁磊养猪能成功。互联网与养殖业，完全是风马牛不相及。现在，丁磊的猪终于长大了，甚至还得到业界大佬的集体称赞：丁磊的猪口感真的不错。对于丁磊而言，养猪是次要的，最关键的目的是研究、思考生态化、自动化、智能化的传统产业发展之路。换句话说，网易完全可以把养猪行业变成一项现代农业，现代农业不也是互联网时代的发展方向吗?

如果我们把丁磊养猪看成一种"不务正业"的尝试，那么马云布局菜鸟驿站的跨界思路就明确多了。菜鸟驿站，其本质是一种快递代收服务。但是这样的服务，并不只针对快递服务，还能够带动其他相关的服务。有人说："菜鸟驿站是一公里驿站，也是快递服务的最后一站。"这一站，不仅方便客户零存整取，而且提高了时效，提升了客户的体验，降低了快递配送成本。还有一些菜鸟驿站的加盟商，在服务客户的同时，将客户领上门，带动本店的其他产品销量。可以说，这种布局与跨界，对整个社会产业都有带动作用。

互联网改变了商业模式，也改变了产业布局与客户的需求方式。随着信息越来越透明，交流越来越顺畅，客户对产品、服务、体验的要求也越来越高，传统商业转型升级成为必然趋势。例如，有一家家具企业，在前几年的家居装修高峰期大赚了一笔。随着行业竞争及环保压力的加剧，这家家具企业跨界到了职能绿色环保行业，借助环保技术进一步提高家具的科技含量。后来，这家企业生产出填补市场空白的新型环保家具板材，不仅降低了生产成本，还使企业内的“环保业务”得到快速发展。

跨界融合也是一种取长补短的经营策略。从微观角度看，跨界能够把互联网技术整合到其他领域中，形成一种硬件、软件、应用、服务一体化效应，从而激活传统领域，让传统领域的产业焕发时代生命力；从宏观角度看，跨界是一种大产业融合，这种融合是符合互联网时代去边界、共享化的发展方向与发展理念的。如果我们不适应时代发展，不能用开放的胸怀拥抱时代，就会像摩托罗拉、柯达等昔日明星企业那样陨落。跨界融合，是一种技术与管理的整合，这种“整合包”正是当下传统企业欠缺的宝贵资源。

跨界——商业模式的解构与重组

跨界，并不是从一个“坑”跳进另一个“坑”，而是两条腿各占据一个“坑”，或者一个主体占据多个“坑”。这种跨界模式，看上去更像一种大杂烩，功能齐全，但是个性不突出。还有人把跨界看成一种混搭，这种混搭似乎能够体现集体优势。不管怎样，互联网时代，跨界已经成为未来商业发展的主要方式，如潮水般势不可当。

> 小米科技的董事长雷军是做软件的“技术宅”出身，也是互联网风云人物，后来跨界到手机行业，也被许多人质疑过。雷军认为，跨界与连接，是小米的梦想，也是计算技术与通信技术为这个时代赋予的梦想，是一个大风口。提到“风口”二字，他坚持认为，站在风口上，猪都能飞起来。凭借跨界思维和创新精神，小米手机火了。
>
> 有人认为，小米手机只是性价比高而已。“性价比高”这四个字，就是一种市场赞誉。当然小米科技并非只生产手机，还有许多产品，比如

小米电视、小米路由器、小米音箱、小米笔记本电脑、小米插线板、小米台灯、小米平衡车、小米手环、小米双肩包等，几乎涵盖了各个方面。推动产品迭代、研发的动力源自雷军在互联网领域打下的扎实基础。或许未来十年，小米科技还会推出更多产品。小米科技的跨界，更是对商业模式的重新解读。

所谓跨界，跨就是跨越，界就是界限。“跨”是一个动词，也是一种策略，一种商业模式解构与重组的方案；“界”是一个名词，但是这个界的界限在哪里呢？无人知晓。美国非常火爆的动画片《卑鄙的我》中，小黄人的卡通形象非常受欢迎。正因如此，电影制作方授权生产的大量小黄人玩偶，也得到了市场青睐。

在这方面做得最好的，恐怕是迪士尼公司。这家公司不仅拍摄动画片和真人电影，旗下的迪士尼乐园更是享誉全世界，甚至在街头巷尾我们还常常能够看到穿迪士尼服装、背迪士尼背包的年轻人。中国保险学会副秘书长冯占军谈保险业跨界时表示，保险跨界的本质是跨界经营。跨界从广义上讲，可以有很多解释，但是本质是跨界经营。从管理的角度来讲，跨界其实就是多元化经营，也叫多角化经营。

跨界对商业模式的重组非常好理解，跨界对商业模式的解构又是怎么一回事呢？事实上，跨界是一种新思维，它可以对传统商业模式进行重构。在重构之前，需要打破常规界限和价值模式，找到一个重构的入口。

人们常常提到解构主义，什么是解构主义呢？简而言之，解构主义就是对陈旧的结构主义的批判和颠覆，它强调设计是无边界的，不应该受到历史文化和传统理性的束缚，创新与颠覆，才能体现设计精神。结合这个定义，我们就能找到跨界与解构的一些关联。著名解构大师扎哈·哈迪德表示，自己也不晓得下一个建筑物将会是什么样子，自己不断尝试各种媒体的变数，在每一次的设计里，重新发明每一件事物。建筑设计如同艺术创作，你不知道什么是可能，直到你实际着手进行。当你调动一组几何图形时，你便可以感受到一个建筑物已经开始移动了。因此，我们也看到许多伟大的设计师、企业家游走于结构与解构的刀锋上，设计并创造出了令人震撼的作品。

一个地区，有十年以上寿命的企业、个体户数量不足30%。互联网时代，这种“短命效应”还会加剧。有人说，互联网时代让社会的新陈代谢加速了。在这样的时代下，解构传统、跨界整合才是出路。

互联网时代六大跨界商业模式

互联网时代，人人都在学跨界。在社会的每个角落，都能够找到跨界元素。例如，网吧与咖啡馆跨界组成网咖，互联网、红酒、沙龙、咖啡馆跨界组成“3W咖啡馆”，甚至许多奢侈品品牌跨界到酒店、家居行业，也经营得风生水起。俗话说，道不同不相为谋。互联网时代，道不同也可以进行跨界。有人认为，跨界就是将意识归零，打破固守的理念，重新认识世界。

有人担心：“跨界有风险，万一失败了怎么办?”事实上，这种担心是有必要的。在跨界这条道路上，有人成功就有人失败。如果跨界之前我们能够掌握一定的原则，就会降低失败的可能性。成功跨界有五个原则，即技术、资源、渠道相匹配的原则；消费群体一致性的原则；共赢原则；互补原则；用户体验原则。如果掌握了这些原则，就有可能成功跨界。与此同时，跨界还需要五种思维，即破坏性思维、跳跃性思维、横向思维、互联思维、迭代思维。如果拥有了这些思维，再结合成功跨界的五个原则，就有可能实现成功跨界。

跨界的目的是生存，适应互联网时代的发展是最重要的。互联网时代有六大跨界商业模式。

1.“工具+社区”模式

工具，特指与互联网相关的工具和技术，比如移动互联网产品以及相关的平台和软件。社区，特指居住在一起或者有相同兴趣爱好的人组建的社群。工具的出现，能够让物以类聚、人以群分变得简单。当这些人聚在一起，就会产生商业效应。比如，互联网企业跨界服务行业对社区进行服务营销。工具与社区的结合，就是一种跨界融合的方式，也是一种互联网时代的商业合作模式。

2. “长尾理论＋C2B”模式

长尾理论，就是产品数量和渠道足够多的情况下，需求一般的产品的市场地位依旧可以与单个爆品相媲美。比如某些图书网站，除了畅销书之外，大量冷门书籍的销售量也是非常可观的。C2B是什么呢？就是个性化定制服务。将冷门与个性化定制相结合，也能够产生一种爆炸力。如果让冷门变得有个性，恐怕更具市场效应。

3. “产品＋服务”模式

过去，加工企业以加工产品为主、营销为辅；服务企业以服务为主、加工为辅。也就是说，加工企业与服务企业完全是两个世界的。互联网时代则不同，用户对服务、产品的要求更高，他们开始需要企业满足“产品＋服务”的需求。因此，产品加工企业跨界服务业；服务企业也跨界产品加工业，“产品＋服务”才能提升用户体验，创造更多经济效益。

4. “免费＋收费”模式

互联网是免费的，互联网提供的产品有的也是免费的，但互联网提供的服务可能是收费的。例如，某电影网站既提供免费电影，也提供会员电影。免费电影以普通商业电影为主；会员电影以卖座的商业大片为主。如果影迷觉得免费电影无法满足自身需求，就需要花钱开通会员进行观看。许多互联网企业跨界到传统商业，就是看准了“免费＋收费”模式。

5. “线下＋线上”模式

这是一种非常典型的互联网与线下实体相结合的模式。这种模式不是一种纯电商模式，而是一种线上消费、线下体验模式。许多网络商城也有自己的体验门店，用户可以去门店体验，然后选择线上下单。这种模式，也就是我们常说的O2O模式。有人表示，拥有用户思维和跨界思维的人才能玩转O2O。

6. “运营＋用户”模式

运营是一种手段，也是一项技术。绝大多数的互联网企业都以提供运营服务为主，运营商的合作伙伴是广大用户群。如淘宝作为运营商为淘宝卖家提供信息服务、营销服务、宣传服务、交易服务等，另外淘宝也有自己的天猫超市。这种“运营+用户”模式也是一种跨界，这种跨界更容易将两个或多个利益相关方整合在一起。

互联网时代的跨界商业模式还有很多。跨界，是一种创新与智慧，也是一种勇气与魄力。凯文·凯利表示：不管你们是做哪个行业的，真正对你们构成最大威胁的对手一定不是现在行业内的对手，而是那些行业之外你看不到的竞争对手。

第七章

互联网时代的结构重塑

○商业核心领域四大重塑

与其说互联网是一种技术革命，倒不如说互联网带来了一种启发。人们常常提到“瓶颈”二字，遭遇瓶颈的因素有许多，比如能力不足、技术不支持、环境限制等。个人遭遇瓶颈，可以通过提升个人能力来实现突破；企业遭遇瓶颈，就需要借助各种力来实现突破，其中就有互联网带来的驱动力和创新意识。

互联网时代有一个特点：变。可以说，人类进入互联网时代，人的生活理念、社交方式、经营方式等，都发生了翻天覆地的变化。许多年轻人借助网络平台做生意，这种生意的经营模式与传统的门店经营完全不同，许多人在家里就能实现“生活—工作—家庭”一条龙。互联网时代的变，并不是漫无目的的，而是有内在规律的，我们可以用重塑这个词来形容它。互联网时代的经济，是一种数字经济与实体经济相结合的经济，这种经济模式在商业核心领域里得到了四大重塑，即用户营销重塑、供应链重塑、IT 化、组织架构重塑。

1. 用户营销重塑

商业的本质就是营销，没有营销也就没有商业。企业都非常重视营销，营销是立足市场之本。人们为了提高营销本领，参加培训班和交流会，研读各种营销书籍，外聘营销专家，组建营销团队，似乎只要能够促进营销，什么办法都可以尝试。互联网时代的营销是数字营销。什么是数字营销呢？就是借助数字传播渠道进行营销的方式。数字传播渠道有很多，比如网页、社交软件、媒体平台等。互联网时代，数字传播渠道是传播范围极广、传播速度极快、传播成本极低的一种渠道。如果我们利用数字传播渠道对营销进行重塑，就会形成一种360度的全方位营销，继而建立用户营销服务平台。

2. 供应链重塑

非互联网时代，供应链是非常简单的，甚至是硬性的。企业了解市场需求，根据这种需求生产产品，然后将产品进行层层铺设，最后卖给客户。客户的需求每时每刻都在发生变化，企业对这种需求的变化很难做出应对。互联网时代的供应链，是客户深度参与的供应链，是一种柔性的供应链。客户参与产品设计，为企业提出设计要求。企业根据客户要求去设计产品，然后交付产品。这样的供应链，跨越了传统渠道，大大提高了企业的供应能力和零售能力，也为客户提供了更好的服务体验。

3. IT化

IT化也就是信息化。现在，依然有一些企业没有实行电脑办公，签合同、办手续、布置任务，完全靠“腿”，销售、财务台账还是“手记”。这种管理方式陈旧落后，早已不适应当前时代的发展。企业IT化，就是借助先进的技术提升企业的运转速度。IT化能够让企业在剧烈变化的时代中快速适应，通过互联网、大数据获取海量用户数据，对客户进行精准营销。

4. 组织架构重塑

组织架构是一家企业发展的基础。一些家族企业的组织架构是非常有趣的：父亲负责管理，母亲负责财务，儿子负责跑市场。每个人还管着一群人，这群人只饰演一种角色：保姆。互联网时代的组织架构是简单的、高效的、互动的。或者说，互联网时代的企业各部门，是关系密切的“联动部门”。部门与部门之间、人与人之间，是合作与共享的关系。在这种组织架构里，没有雇主与保姆，只有相同的目标。这种新型的组织架构，不仅能够提高管理质量，还能产生组织凝聚力。

互联网时代，互联网数据改变了商业的模式，同时也改变了用户的消费观和生活方式，供应链、营销渠道、盈利模式都随之发生了巨变。因此，重塑商业模式可以说是时代必然。

重资产到轻资产重塑

传统的商业模式，几乎都是重资产模式。许多企业投入巨资筹建生产设备，建立起生产经营模式，这种模式需要借助庞大的资金链才能盘活。这样的企业，有较多的固定资产，经营的启动资金也是天文数字。个体工商户同样也需要租赁或购买房屋，然后铺设货物，进行营销。重资产模式是一种门槛较高的商业模式，一旦资金得不到保证或技术难以取得突破，就会出现严重的问题。因此，许多企业、个体工商户因资金链断裂而破产倒闭。很显然，这种重资产模式只适合某些垄断寡头，而不适合小微企业和个体工商户。

与重资产模式对应的，是轻资产模式。什么是轻资产模式呢？轻资产模式就是专注核心业务，非核心业务外包租赁。例如，万达集团作为一家传统的房地产企业，在过去一直走重资产之路。互联网时代来临，万达集团改变了传统经营策略，开始把地产建造转向地产合作经营。这种模式，有点类似于希尔顿酒店的管理模式。别人投资建万达，万达出人、出经验帮其打理，然后按比例分成。换句话说，万达轻资产模式是放弃地产建设选择地产管理。万达把重资产的包袱甩给其他投资者，自己主抓更加擅长的管理经营工作。有人认为，万达集团的轻资产模式是一种“借鸡下蛋”模式，这种模式不再依赖巨大的资金链和庞大的固定资产。

互联网时代，互联网技术降低了商业门槛。有些人，只需要一台电脑、一部手机就可以创业。还有一些拥有丰富管理经验的企业，将自己不擅长或者高风险的业务承包出去，既减轻了经营压力和经营风险，又能够重拳出击优势项目，优化企业的资源配置和资源结构。

20 世纪 80 年代，著名的可口可乐公司做出一系列疯狂决定。它先后投入 30 亿美元，收购瓶装特许权和瓶装厂，然后对瓶装业务进行重新管理。这个重资产的收购策略对可口可乐公司的品牌提升是有帮助的，可口可乐公司还建立了一套科学系统。

但是重资产模式需要占用并消耗大量资金。就像一个人，长期入不敷出，会丧失对生活的自信心。可口可乐公司感受到了资金压力，为了甩掉沉重的债务包袱，公司将瓶装业务分拆出去，并交由CCE公司打理。通过业务分拆、债务转移等方式，可口可乐公司回收11.8亿美元。这笔回收款，几乎等同于可口可乐公司两年的纯利润。

瓶装业务被分拆出去之后，可口可乐公司轻装上阵，进一步加大市场布局，加快产品研发。轻资产模式为可口可乐公司带来三大好处：其一，缓解了可口可乐公司的流动资金压力；其二，分拆出去的CCE公司成为世界上几大瓶装商之一，持有其49%股份的可口可乐公司依旧是CCE公司的大股东，并在决策、运营等方面具有话语权；其三，可口可乐公司从分拆公司中得到了稳定而持续的股权回报，并在产品研发、市场布局等优势项目方面取得了进一步提升。可以说，轻资产化的可口可乐公司焕发了第二春。

重资产与轻资产并不是一种过渡关系，而是一种转换关系。每一家企业要根据经营状况选择合理的“切换模式”。与万达集团的轻资产之路不同，过去坚持走轻资产之路的阿里巴巴却高调宣称走重资产之路。马云认为，在公司创办之初，规模还小时，轻资产模式是正确的。当公司规模足够大、业务足够强时，就需要转向重资产模式。为了提高效率，阿里巴巴需要把轻资产和重资产模式融合在一起。但是，以阿里巴巴目前的规模，一味抵制重资产模式是不对的。阿里巴巴必须采用重资产模式，因为阿里巴巴在打造基础设施，必须投资。除了阿里巴巴，许多互联网大鳄都开始布局基础产业、实体产业，走重资产之路。这种“由轻转重”的经营模式，也是互联网时代造就的。

有人认为，重资产是一挺重机枪，虽然笨重，但是威力巨大；轻资产是一把手枪，威力虽小，但是却自由灵活。重资产与轻资产不是对立关系，而是一种共生和重塑的关系。

以客户需求进行重塑

客户需求是拉动商业发展的基础，没有客户也就没有商业。许多企业千方百计做营销，就是为了营销客户，从客户身上得到利益。如何才能从客户身上得到利益呢？吸引客户上门，挖掘客户的需求，把客户的需求转化为销售合同。客户为产品埋单，企业才能赚到钱。为了更好地服务客户，大多数企业都把客户当成“上帝”，服务“上帝”，让“上帝”高兴，“上帝”才能为企业的产品、服务支付酬劳。有人说：“客户才是企业的老板。”从某个角度看，这句话是对的。

“客户是上帝”这句话由来已久，但是按照“客户是上帝”去做的企业并不多。传统时代，是以产定需的时代。这个时代最大的特点是企业生产什么客户用什么。物质匮乏，客户没有选择余地。因此，有一些企业把自己当成大爷，客户买产品，甚至还要求着供货商。互联网时代，是以需定产的时代。这个时代最大的特点是客户需要什么企业就生产什么。商品琳琅满目，客户选择空间很大。因此，企业开始重视客户，把客户当成“上帝”。有人说：“时代变了，客户成为主宰商业进程的核心力量。”客户需要曼特宁咖啡，企业就要为客户提供高品质的曼特宁咖啡，与此同时，企业还要为客户提供舒适的环境、优雅的氛围。客户需求得到满足，满意度得到提升，才会给好评。

以客户需求重塑商业模式，是互联网时代的主要课题。对于商业从业者而言，这需要通过以下三种经营模式来实现。

1. 提供标准化产品

过去，人们并不重视标准化，甚至认为标准化是没有个性的，难以满足不同的客户需求。事实上，标准化是一种技术门槛。符合这个门槛，才符合标准。我们看到，在缺乏标准规定的前提下，市场上的产品质量参差不齐，给客户购买带来很大的压力。许多发达国家采取高标准管理要求，提高市场准入门槛。这种做法，催生出大量标准化产品。标准化产品不仅能够满足客户需求，而且能够减轻客户的购买压力，让客户放心。

2. 提供专业化服务

服务的定义是什么？服务是一种发自内心的、能够满足人们需求的行为。服务有两项内容：一个是客户，另一个是服务工作。服务是企业参与市场竞争的有效手段，也是企业管理水平的具体表现。随着市场经济的发展，企业服务竞争也在不断升级，迫切要求企业迅速更新理念，把服务问题提高到战略高度来认识，在服务上不断追求高标准，提升服务品位，创造服务特色，打造服务品牌。因此，商业从业者需要为客户提供更加专业的服务才能重塑自己的品牌。

3. 提供人性化方案

互联网时代，客户更加重视体验。互联网时代是一个“体验为王”的时代。苹果公司的产品之所以能够赢得市场青睐，是因为它的体验性能好，能够为客户提供人性化解决方案。如果商业从业者提供的方案过于刻板，客户就会选择其他产品、其他品牌。事实上，一个好的方案不仅能够满足客户的需求，还能够给客户带来良好的体验。假如有两款相机，一款是普通相机，需要手动调试；另一款是智能相机，可以根据场景自动调试，客户会选择哪一款呢？很显然，能够提供解决方案的相机会赢得市场。

客户需求是一种推动力，这种推动力能够重塑商业模式。互联网时代，客户需求变得更加高级。商业从业者只有提供更好的产品、服务、解决方案，才能保持市场竞争力。

产品与服务的重塑

传统商业时代，人们就已经树立起“产品决定品质”的观念，为客户提供高质量、高品质的产品，是对客户的一种承诺。20 世纪 50 年代，丰田公司采取精细化管理模式取得了巨大成功，随后将这一模式传播开来。产品是企业的灵魂，产品质量就是品牌形象。对于那些服务输出者而言，服务质量等同于产品质量，服务形象等同于品牌形象。不过传统商业时代与互联网商业时代有所不同。传统商业时代的产品与服务是分开的，产品是产品，服务是服务。互联网商业时代的产品与服务是一种共生关系，产品与服务是结合在一起的。因此服务提升产品的价值，产品提升服务的体验。

有一家连锁美容机构。几年前，这家美容机构只提供美容服务。虽然这家美容机构也有美容产品，但这些产品与商店里可购买到的产品没有任何区别。美容机构的老板发现，许多客户来做美容，都是带着自己的护肤品和保养品。有一次，美容机构的老板亲自服务一位 VIP（贵宾）客户，并与这位客户聊起来。她问客户："你为什么自己带护肤品来？是觉得我们提供的产品不够好吗？"这位客户说："如果你们的产品与我使用的产品是相同的，为什么我还要选择你们的产品呢？如果你们提供的是市场上没有的产品，我就有可能选择你们的产品。"

美容机构的老板记住了客户的这句话，而该美容机构的其他几家连锁门店也向她反映：许多客户对特色保养品有需求。为了解决这个问题，美容机构的老板奔走多家生产企业，寻找合作研发机会。后来，她找到一家广东的护肤品加工企业，并与该企业达成合作协议。这位老板投入资金，成立了一间研发工作室，研发的特色产品只授权给该美容机构，不对外出售。一年之后，这家美容机构将门店内所有护肤品和保养品全部换成自家品牌。借助特色产品，这家美容机构的营业额翻倍。几年时间内，这家连锁美容机构便在全国遍地开花。

互联网让产品与服务的关系变得更加微妙。互联网的特点是打破边界，因此产品与服务的边界也需要被打破。有人说，产品就是一种服务，服务就是一种产品。许多做产品的企业转型做服务，做服务的企业转型做产品。不管是哪一种转变，只要能够满足客户多变的需求，就能够把握市场，为自己争取生存空间。

互联网技术也让产品与服务的关系发生了变化。某互联网公司为许多企业提供技术服务，其中包括网络调试、设备安装、系统搭建、系统维护等，优秀的技术性服务输出，让这家公司赢得口碑。后来有客户问该公司负责人："企业用的软件系统不够人性化，能否换一套软件或者单独设计一套软件?"为了提升服务质量，这家公司开始组建研发团队单独为企业开发软件。通过"服务+配套产品"的方式，这家互联网公司为企业客户提供了更好的解决方案，并与多家客户建立了战略合作关系。也就是说，商业输出者要围着客户需求制订"产品+服务"方案，才能最大限度地满足客户需求。

在这里，要提到一个词：Servitization。Servitization 是服务化的意思，所谓服务化，就是以服务为导向的经营策略，这个策略包括产品、服务、方案、运行等元素，最后会形成一种综合化的服务方案。牛津经济学院有一项数据调查显示：50%以上的制造商有建立服务利润中心的计划，77%的制造商表示改善服务是提高企业核心竞争力的关键元素，82%的制造商表达了"通过改善服务丰富产品营销手段"的看法。互联网时代，产品提升服务，服务服务产品。这种彼此重塑的关系，让互联网时代的商业变得更加有人情味和个性。

◯ 商业品牌的重塑

互联网对商业模式的影响是全方位的，它不仅可以改变商业模式，还可以对商业模式进行解构和重塑。互联网改变了客户的需求方式，重塑了产品与服务。这一系列的变化，也会对商业品牌产生影响。

我国南方地区有一家皮鞋厂，在业内小有名气，其品牌是驰名品牌。该皮鞋厂的员工说："我们的皮鞋可以满足客户所有的要求。"这话听着非常自信。在国内大大小小的卖场，几乎都能看到这家皮鞋厂设立的专柜。商场专柜营销和门店营销，也就是这家皮鞋厂的营销方式。

互联网时代来临，这些卖场的生意多多少少都会受到影响。许多皮鞋厂生意并不是很好，为了节省开支，选择性进行撤柜。这家皮鞋厂也遭遇了这样的问题。皮鞋销量下滑，盈利减少，库存积压太多，难以消化，以至于影响到生产。为了刺激销量，这家皮鞋厂进行疯狂削价处理。原价卖1000元的皮鞋，现价200元出售。通过这种方式，这家皮鞋厂虽然提高了销量，品牌形象却遭到致命打击。有人认为，盲目削价并不能给企业带来好处，品牌一旦损毁，企业就会逐渐走向衰亡。后来，这家皮鞋厂转型走另一条路：贴牌加工。这条路更加艰辛，经营风险也更高。

互联网对商业品牌的重塑，可以用三个方面去概括，即改变品牌形象、战略品牌重塑、品牌重组。

（一）改变品牌形象

互联网时代是一个新陈代谢更快的时代。在这个时代里，产品迭代加快，服务体验加强，品牌形象也会发生变化。如果一家传统企业，生产滞后、产品竞争力不足、宣传不给力，品牌形象就会老化。老化的品牌形象会加速企业的衰亡，因此企业管理者要借助科技之力去重塑品牌，具体措施如下。

第一，借助科技之力打造品牌识别体系，对自身品牌进行定位。只有明确品牌在市场中的地位，才能进一步调整经营策略。

第二，借助科技之力拓宽营销渠道。事实上，许多企业品牌形象落后，是因为营销渠道落后。互联网对重塑营销渠道有非常大的帮助。

第三，借助科技之力做好广告宣传。一个精彩的广告，可以对消费者的需求心理产生影响。落后的广告形式，对品牌建设有阻碍作用。

第四，借助科技之力提高产品迭代能力。品牌形象之所以落后，归根结底还是因为产品不够“给力”。

（二）战略品牌重塑

如今，一些知名品牌早已深入人心，这些品牌，甚至成了一种世界符号。

比如可口可乐、麦当劳。这些深入人心的品牌，难道就不需要做出改变吗？答案是否定的。我们知道，品牌就像经营战略，具有一定的延伸性。互联网对品牌的重塑，包括对品牌延伸性的重塑。许多活跃在世界舞台上的明星企业，会展开“品牌收购”与“品牌整合”的战略。一旦经营战略发生转变，企业就会对品牌进行重塑。腾讯公司曾经只是一个即时通信服务的提供商，后来随着服务链的延伸，经营战略也随之发生了变化。互联网时代下，腾讯公司借助服务链打造游戏平台、社交平台、支付平台等多个产品服务板块，对品牌进行了重塑。如今，腾讯公司已经成为中国互联网“三驾马车”之一。

（三）品牌重组

互联网时代下的品牌重组故事，似乎天天都在上演。比如，吉利汽车收购沃尔沃，联想收购 IBM（国际商业机器公司）的 PC 事业部以及摩托罗拉的手机业务。收购不是目的，而是对品牌的重塑与重组。收购只是一种形式，收购的核心是“借力”。对两个品牌进行重组，虽然存在一定的风险，但是从长远角度看，这种方式是顺应时代发展的。不管是多品牌战略，还是新品牌战略，对品牌进行重组才能让原有品牌焕发活力。

海尔集团 CEO 张瑞敏认为，去彻底解构，去颠覆重生。这种向死而生的精神，就是互联网时代需要的精神，也是一种品牌重塑的精神。

第八章

互联网时代的客户思维

◯ 何为客户思维

我们常常能够听到人们的抱怨："这些商家为什么不能替客户多想想呢?"产品质量不好、服务不到位、体验差，客户把矛头指向商家，商家的形象与口碑都会受到影响。客户的点评就是对商家的态度。因此，许多人去某个商家消费之前，会登录消费点评网站如大众点评网了解相关评论信息，酌情选择口碑好、评分高的商家。互联网时代，就是"客户至上"的时代，拥有客户思维，才能把商业经营做到位。

客户思维，就是思客户之所思、想客户之所想。客户思维也叫用户思维，就是站在用户的角度思考问题。比如，某饭店把一面墙作为客户留言板，客户可以把自己的想法、意见写在上面，饭店老板会根据客户的意见对菜品和服务进行调整与修改。有位客户吃过饭店的菜后，给出一个评论：菜品口味偏重，如能低盐低油更加健康。后来，相同或相似的评论出现过多次，这家饭店的老板便重视起来，要求厨师调整口味。之后，又有人留言：如果能够公开厨房，让客户看到厨房的环境和菜品原料的质量，就更好了。老板接受客户的建议，打掉厨房的一面砖墙，改成一面透明玻璃墙。通过这样的调整，这家饭店的生意变得非常火爆。这是一种简单的客户思维运用方式，可以为客户提供更好的消费服务。

现实中，总有一些商家自认为比客户聪明。我国北方地区有一家小电器公司，生产各种家电，如吹风机、电水壶、料理机等。该公司为了突出自家产品的"特点"，便做了许多广告宣传。比如电水壶烧出"离子水”，料理机可以对水果进行“破壁”处理等，这些看上去神乎其神的宣传，真的符合事实吗？

有一位客户非常有趣，他是某大学的老师。他非常好奇商家的这些“科技”，便进行了详细研究。他发现，这完全是商家的一种“伎俩”。后来这位大学老师匿名写了一篇揭露骗局的长微博，在当地引起不小的反响。许多客户纷纷跳出来指责商家：“不要把我们当成傻瓜，我们心里清楚得很！”还有客户表示，以后再也不会买该公司的产品。

自作聪明是一种搬起石头砸自己脚的行为。在客户面前，商家要低调一点，傻一点，要把自己从“专家模式”切换到“用户模式”的频道上。马化腾认为，产品经理最重要的能力是把自己变傻瓜。就像扬州八怪之一的郑板桥所言：“聪明难，糊涂难，由聪明转入糊涂更难”。客户思维是一种理解起来简单、实施起来复杂的思维，影响客户思维实施的因素有三个。

1. 思维定式

有些产品经理已经养成一种习惯：结合市场，结合技术，按照常规的工艺设计理念进行产品设计。这样的产品，是一种市场化产品，与其他产品没有任何区别。但是，这类产品也没有任何个性。思维定式，就是坚持一种不变的理念，按照固有方式去设计、生产。这种思维方式，虽然也能够设计出成熟的产品，但是在细节方面却难以让客户满意。

2. 缺乏耐心

培养一个市场，或者培养一群忠实的客户，是需要沉淀的。有一位企业家表示，我们用十年时间潜心做产品，用十年时间潜心做服务，用十年时间去关注客户、研究客户。这三个十年意味着什么？意味着商家要拿出热情和耐心来关客户需求和市场。如果某商家生产的产品与其他商家生产的同类产品是一样的，仅仅依靠模仿去打一场“短平快”的营销战，是难以取得成功的。

3. 缺少检测

德国有一家著名的耳机生产商，其生产的耳机，是完全根据人的耳蜗进行设计的，其设计运用了当下时髦的 3D 打印技术。每一个耳机在上市之前，都要经过严格检测，检测过程也颇为有趣，比如邀请客户参与公开检测。通过这种方式，这家耳机制造商成为业界翘楚。对于那些没有取得成功的商家而言，缺少对产品的检测就是对客户的一种漠视。

互联网时代，商家更要与客户加强互动和沟通，把客户的想法当成产品设计的重要思路。只有这样，才能设计、生产出受客户欢迎和信赖的产品。

客户思维的三个维度

一位年轻人设计了一款 PM2.5 防霾口罩，这款口罩比其他同类产品更轻薄，携带更方便，防霾效果同样达到了行业标准，一经上市便得到青睐。有人说："这款口罩有两个卖点，防霾是其一，时尚是其二。"市场上的其他防霾口罩，看上去十分笨重，甚至有点像防毒面具。这位年轻人为何能设计出畅销品呢？原因有两个。一是需求。空气污染越来越严重，许多城市每年有 1/3 的时间空气质量不达标，人们对环保与健康持续关注，对防霾有明显需求。二是体验。这款口罩非常轻薄，而且时尚，穿戴舒适，还能满足个性的需求。这位年轻人为了征求目标客户的意见，对"60 后""70 后""80 后""90 后"群体等进行意见采集，从目标客户的需求出发，设计了这款 PM2.5 防霾口罩。

除了这个案例，我们还常常看到许多加油站卖水。比如某加油站会与某品牌矿泉水签订合作协议，使其售卖价格低于普通超市货架价格。有人感到好奇，加油站为何卖矿泉水呢？难道人们不会去超市购买？事实上，许多司机长途跋涉，尤其在高速公路或者国道上开车时，购买一瓶解渴提神的矿泉水并不是一件很方便的事，要么需要驱车到门市购买，要么需要出门前提前准备。许多司机来到加油站加油，会顺便购买便利物资，比如矿泉水、能量饮料等。加油站卖水，不仅给前来加油的司机提供了便利，而且能从中赚上一笔。这种精准营销的方式，就是根据客户思维设计出来的。这种方式，与

“沙漠旅店”的经营方式非常相似。

想要借助客户思维解决经营问题，需要商业从业者了解、熟悉客户思维的三个维度，即感性维度、理性维度、社交维度。

1. 感性维度

人是感性的动物，不管做判断还是拿主意，都需要借助感觉。感觉好，就会快速做出决策；感觉不好，就会转变想法。客户思维的一个维度，就是要关心客户的这种感觉。

感性维度包括五个方面：感知、感应、感动、感悟、感化。感知，是一个人采集信息的主要途径；感应，是一个人对环境、商品、服务的感触与反馈；感动，是一个人对环境、商品、服务的情绪变化；感悟，是一个人对环境、商品、服务产生的一种稳定的意见和看法；感化，是对一个人心智的唤醒，同样也是一个人接受某一事物的重要方式。这五个方面是递进式的，了解了客户感性维度的五个方面，就能为客户提供有针对性的环境、商品、服务。

2. 理性维度

人还是一种理性动物，在直觉无法解答疑惑的时候，就会启动理性模式。理性，是一种冷静的、客观的、符合逻辑的思维模式。俗话说，小事靠直觉，大事靠理性。

理性维度包括三个方面：本我、自我、超我。著名心理学家弗洛伊德认为，本我是人潜意识下构成的思想意识，这种思想意识与人类的原始欲望、原始需求有关，比如对生存、安全的需求；自我是人格的组成部分，比本我高级一些，它需要较高的需求来支持，比如对社交、尊重的需求；超我是人格结构的最高级部分，是一种道德化、价值化的自我，同样需要最高等级的需求来支持，比如超我需求。了解客户的本我、自我、超我，才能提供满足不同阶段需求的商品和服务。

3. 社交维度

人是一种社群动物，不是一种离群索居的动物。因此，人带有社会属性，并有社交需求。美国麻省理工学院的奥托·夏莫博士曾经提出 U 型理论，并这样阐述：第一层是被动反应。我们的习惯性思维是由固有的架构产生的。

第二层是改变系统。改变系统比经验主义进了一步，但是还不能彻底改变思维，它还是外在的，依然是表象。第三层是改变框架。彼得·圣吉就提出来改善心智模式，这也是五项修炼之一。只改变这个还不行，还要改变“源”。第四层是重新生成，也就是去联结“源”。借助U型理论，商业从业者可以设计出客户需求模型。

除了理解客户思维的三个维度，商业从业者还要到客户中多调查、多与客户进行沟通，只有这样才能建立客户思维商业模型，为客户提供完美的商品和服务。

◯ 客户思维的“Who－What－How”模型

有人把客户思维比喻成食堂阿姨与学生的关系。学生喜欢红烧茄子，食堂阿姨就给他盛红烧茄子，学生喜欢米饭，食堂阿姨就给他盛米饭；学生没有主见，不知道想要吃什么，食堂阿姨就主动给他推荐；饭量大的学生，食堂阿姨就给他多盛一点；饭量小的学生，食堂阿姨就给他少盛一点。总之，食堂阿姨的工作有两个意义：第一，满足学生的胃口，既让他们吃得好，又让他们吃得健康；第二，为食堂赚钱。这个比喻，能够给客户思维一个完整的解释。

互联网时代，如何才能建立以客户为中心的商业模式呢？互联网是一个开放的、去权威的、共享的、没有边界的平台。在这个平台上，可谓人外有人，天外有天。即使你技高一筹，也要低调一点。互联网平台让人们掌握了更多的信息资源，比如产品种类、价格、功能、品牌等信息。如果企业按照传统的“忽悠大法”继续忽悠人们，恐怕就会弄巧成拙，搞丢自己的饭碗。因此我们看到诸多电商的做法：见面喊“亲”，心中有爱，感动客户，选择让利。

互联网时代，有一种以客户为中心的营销模型叫“Who－What－How”模型。其中“Who”代表客户，也就是“客户是谁”；“What”代表规划，也就是“客户要什么”；“How”代表方法，也就是“如何满足客户”。“Who－What－How”模型对应着三个问题，并有三个相应的解决方案。

1. 客户是谁

这个问题是一个关键问题。许多企业甚至从开业到运行，都没有对自己的客户做好分类和定位。互联网时代，企业完全可以借助互联网对目标市场进行划分，然后将客户进行分类，并建立客户档案。调查目标客户市场的方法有很多，街头调查、互联网调查、问卷调查、活动调查等，都是简单直接的方法。以企业为例，目标市场的客户分为大客户、优质客户、普通客户等。企业可以根据客户的年龄、学历、收入状况等进行分类，然后再制订不同的营销方案。

如今，许多企业做培训时，培训专家都强调二八定律。互联网时代，客户与客户的界限也在消失。不管是大客户还是普通客户，企业都要一视同仁。有人认为，“上帝”是平等的，为“上帝”提供的服务也要相同。甚至还有人认为，得“草根”者得天下。

2. 客户要什么

世界上的任何一个人，都可能是某企业的客户。客户要什么，企业就要给什么。客户到底要什么呢？传统时代，是企业生产什么，客户要什么；互联网时代，是客户要什么，企业就生产什么。有些企业为了解决这样的问题，直接邀请客户参与目标规划与产品设计。这种模式，也就是之前提到的C2B模式。有些客户对自己的需求模棱两可，这就需要企业帮助客户明确需求，并推荐相关产品。

3. 如何满足客户

互联网时代是一个“体验至上”的时代，企业只有让客户得到良好的体验，才能满足客户的需求。星巴克前CEO霍华德·舒尔茨把星巴克打造成咖啡体验店，他认为，星巴克是人们的第三空间，第一空间是家，第二空间是办公室，星巴克则介于两者之间。在这里待着，能让人感到舒适、安全和家的温馨。通过营造这种空间体验感，客户不仅在星巴克喝了一杯咖啡，而且得到了良好的环境体验。马化腾也曾表示，产品经理要把自己当作一个挑剔的客户。做产品的精力是有限的，交互内容很多，所以要抓最常见的一块。

体验服务做到位，就能满足客户。

互联网时代，客户为王，体验至上。如果企业能够领悟其中的精髓，在心里常常装着客户，把客户思维当成一种价值观，就能取得客户的信任。

客户思维五大原则

有人会问："你了解你的客户吗?"面对这样的问题，许多人都难以给出肯定的答案。有些人知道谁是客户，却不知道客户喜欢什么；有些人知道客户喜欢什么，却不知道客户购买商品的真实意图。当我们准备开启商业之旅时，要常常问自己："你了解你的客户吗?"如果不了解你的客户，你就需要先解决这个问题，然后再实施营销。

有一位软件设计者，除了设计软件外，他剩余的工作时间就是与客户聊天。他认为，聊天的目的不是打发时间，而是了解客户的想法，客户把想法传达给你，就是希望你做出改变。每一次聊天后，这位软件设计者都会将客户的意见、看法、要求记录下来，然后据此改善、升级软件。另外，他还邀请客户参加软件封闭期内测实验，让客户亲自体验一下软件的开发过程。当然，他有时候也会遇到一些问题。比如，客户要求在软件中体现一个功能，这一功能是无法通过软件技术实现的。此时他会告诉客户："受制于技术限制，暂时无法实现这样的功能，请谅解。"大多数客户能够体谅软件设计者，并且能够给予宽松的研发环境。

客户思维，虽然是"以客为本"的思维，却并不代表要实现客户所有的需求与愿望。这是一个"乌托邦"式的概念，就像那句广告词：没有最好，只有更好。提升客户的体验，满足客户绝大多数的需求，给客户一个解决方案，告诉客户自己为什么要这样做，才能提高产品与服务的竞争力。客户思维有以下五大原则。

1. 极简

极简主义就是简单到极致，且不影响功能上的使用。一个好的产品，一定是极其简单的，不需要说明书就可以上手使用。苹果手机之所以畅销，就是因为其功能简单，容易上手；安卓系统之所以成为大多数手机选择的平台，就是因为其生态开放、平台免费、容易掌握……极简，并不是不用心，而是用心去做“减法”，给客户简单、直接的享受。

2. 省时

互联网时代，人们的生活节奏非常快。在快节奏的“生活—工作”切换模式中，时间是最珍贵的。因此我们常常听到有人吐槽：“有钱没时间。”时间是金钱，为客户节省时间就是对客户的理解。因此，有些商家为客户推出可节省时间的产品或服务。比如某些服务，只需要客户一键操作，就可以实现。如饿了么的支付功能，提供免支付密码输入服务，客户一键就可以实现线上支付。为客户省时，就是为客户赚钱。

3. 快速

小米科技董事长雷军解读互联网思维，有一个七字口诀：专注、极致、口碑、快。“快”这个字，特别突出。什么是快呢？就是传播快、迭代快、更新快、页面加载快、运行速度快等。快，不仅能够为客户节省时间，还能够提升体验。还有人表示，互联网时代的消费者都是“急性子”。因此，专注“快”，也是“客户至上”的一种原则。

4. 变化

互联网时代就像一个万花筒，世界、思维、商业理念无时无刻不在发生变化。昨天人们还在热衷外卖的快捷便利，今天可能就流行私厨体验了。这种变化，是客户内心的变化。随着互联网时代的延伸，这种变化越来越大，越来越频繁。商家要想尽一切办法找到变化规律，为客户设计一款功能完善、经典、注重细节与体验的产品。

5. 优惠

有人认为，没有忠实的客户，只有忠实的价格。许多客户选择产品和服务时，十分看重性价比。谁的性价比高，就选择谁的产品和服务。另外，人们总会盼望着购物季商家能打折。如果商家能够把一部分利让给客户，让客户觉得“赚了便宜”，就会大大提高成交量。

如今，科技飞速发展，新技术不断涌现。商家坚持客户思维，就要学会用客户的思路解决客户的需求。

○极致营销：把客户变成“粉丝”

有人认为，做生意的最高境界，就是把客户培养成“粉丝”。事实上，“粉丝”营销并不是一个新名词，许多明星都在利用“粉丝”群做生意。某网络平台主持人有着相当高的人气，微博“粉丝”数过百万。如此高的支持率和关注度也让他产生营销“粉丝”圈的念头。于是他成立了自己的品牌工作室，设计潮流服装，每年销售额数百万元。但是这样的“粉丝”营销，只是借助个人知名度而已，与产品本身关系不大。客户消费的不是产品和服务，而是演艺明星的知名度而已。如何才能将客户与产品、服务联系起来呢？有一个办法：极致营销。

什么是极致营销呢？极致营销就是把营销做到极致。营销可以是低门槛的技能，王婆卖瓜也能卖得很好；营销还可以是高门槛的技能，即使在互联网大数据的帮助下，也未必能把产品卖好。营销，“营”是谋略，“销”是目的。想要把营销做到极致，“营”到位是非常重要的。

有一家藏在某城市CBD大楼里的私厨，老板是一位“80后”女生。这样没有沿街门面、没有豪华装修的私厨，却需要提前三个月预订才能享受一次私房料理。这位“80后”女生是如何做到的呢？

首先是宣传，宣传是非常重要的。互联网时代，“酒香不怕巷子深”已经成为过去，只有好的宣传才能让别人知道你的私厨在哪里，你的私厨有什么特色，你的私厨有哪些与众不同的东西。那么，这位“80后”女生是如何宣传的呢？互联网时代，宣传模式品种繁多。作为一位美食达人，她常常通过微博与朋友交流分享美食，并构建了一个十万人的微博“粉丝”圈。另外，她在许多公众平台进行宣传、推送，也取得非常好的效果。后来，她还制作美食宣传刊物，将刊物投放到各大宾馆、咖啡厅等地。好的宣传，为私厨带来许多客户。

其次是环境，环境也是非常重要的。这家私厨提供一种非常休闲，略带浪漫、慵懒感觉的就餐环境，对于工作繁忙的都市人而言，在这样的环境下就餐，身心会得到放松。环境也是营销的一项重要内容，私厨提供的就餐环境也让许多客户赞不绝口。

最后是菜品，菜品就是产品，产品的质量是非常重要的。私厨菜品用的原料，都是十分新鲜的，烹制原料都是公开的，比如烹调用油的品种和品牌等。菜品的设计、口味、摆盘呈现，都是一流的。客户表示，在这里可以享受到米其林级别的品质和味道。加之私厨定期推陈出新，不拘泥于固定的菜式、风格，完全满足了客户不断变化的需求。

另外，私厨还定期举办活动，比如私人派对、烛光晚宴等。通过这些活动形式，让客户更加喜欢私厨。小小一家私厨，几乎天天爆满。私厨的老板凭借自己的魅力和独到的营销培养了一群喜爱美食的“粉丝”。

这样的故事还有很多，每一座城市都有这样的传奇。把营销做到极致，并不是一件很容易的事情。它需要商家做好三项工作。其一，诚信。俗话说，人无信不立。互联网时代，更需要这种诚信。诚信是营销的基础，更是“客户至上”的体现。其二，魅力。魅力有两部分，一部分是个人魅力，另一部分是品牌魅力。个人魅力，需要好的服务、高尚的人品去形成；品牌魅力，需要历史的验证、品牌文化的沉淀。其三，细节。两个看上去差不多的东西，为何销量会有天壤之别？细节决定成败。俗话说，差之毫厘，谬以千里。重视服务、产品的细节，才能提升营销质量，给客户带来良好的体验。

第九章

互联网时代的生态法则

○ "生态圈+生态链"模式

互联网是一张网，这张网掌握着世界的信息，每一个信息片段有可能对应着一个人、一个事件、一个机构。也就是说，互联网就像大自然一样，在这个生态系统里，同样有"自然法则"：适者生存，不适者淘汰。互联网颠覆了传统，许多传统商业也被互联网所颠覆。如果你只注重商业规则而漠视互联网的存在，企业就会遭受损失。

我国南方地区有一家服装加工厂，过去一直给某知名品牌做代加工（贴牌①）。由于该知名品牌市场基础牢固，目标市场的表现一直非常稳定，这家服装加工厂的代加工生意非常好，公司规模也从原来的350人扩大到900人，销售额也比过去翻了5倍。

互联网时代来临，这家服装加工厂的负责人看到许多贴牌厂纷纷转型做自己的品牌，有的贴牌厂有自己的网上旗舰店，交易量也非常不错。于是该服装厂也跳入互联网海洋，拿出一部分精力研发自主品牌。该公司从深圳请来一位设计师，并注册了新商标、新品牌。经过半年尝试，自主品牌服装终于上架了。经过得力宣传，该服装加工厂取得了非常好的销售成绩。由于其服装布料环保、舒适，又有为大品牌代工的精工技术，加上优秀的设计理念，该品牌迅速蹿红。

这家服装加工厂成功了，但是也有许许多多的加工厂并未转型成功，

①贴牌：一家厂商根据另一家厂商的要求，为其生产产品和产品配件，亦称为定牌生产或授权贴牌生产，俗称代加工。

依旧延续传统代加工的路。这些加工厂一直处于受制于人的地步，没能抓住互联网时代的大好时机，错过了最好的发展机遇。

转型成功的服装加工厂之所以能够成功，是因为坚持以客户和互联网技术为导向，坚持以创新为原则，彻底打破了代加工这种受局限的形式，对客户市场进行了解构与重组，逐渐适应了互联网时代的商业环境，并成为互联网生态内的一部分。

互联网生态包含许多元素，比如消费者、商业个体、行业联盟、非商业组织、管理部门等，这些元素如同自然界的动物、植物、微生物，既单独存在，又与其他元素存在紧密的关系。互联网生态有两个组成部分：生态圈与生态链。

1. 生态圈

社会上所有的消费者、企业存在一种互相为对方创造价值的关系，这种关系形成一种利益生态圈。例如，京东集团旗下的京东网络，这个生态圈包括京东自营、京东合作伙伴、消费者、京东配送、投资公司、金融机构等诸多元素，缺少其中任何一个元素，这个生态圈便无法形成。像京东网络这样的生态圈，只是一种以企业为中心而构建的局域生态圈。

2. 生态链

生态链相当于人体内的循环系统，这需要系统连接身体内的各个器官、组织，让它们形成一种协作关系。例如，微信平台就是以微信为核心搭建的互联网生态链系统，它借助微信二维码扫描、微信支付等方式，将客户与商户联系起来。微信成功连接了商业银行、快递、教育、医疗、酒店、百货、旅游、餐饮、票务等许多行业，让这些行业与消费者形成了一种高频的互动关系。微信构筑的生态链，也只是一种以软件或平台为中心构建的局域生态链。

互联网时代的生态，是一种广义的“生态圈 + 生态链”组合。这种组合会产生一种生态效应，这种生态效应可以用“生态鱼塘”去解释。如果把生态系统看成一个鱼塘，鱼塘内的各种鱼、虾、水藻、微生物等，就会形成一个完整的鱼塘。那么这个鱼塘如何才能充满生机呢？当然，鱼塘需要不断注入的雨水和氧气让微生物作用于淤泥，淤泥给足水藻养分并让水藻释放氧气，有了氧气，鱼群才能生存，才能形成一套完整的生态系统。互联网生态包括客户、产品、服务、渠道、供应商在内的诸多环节，并将无数个像京东生态圈和微信生态链的局部生态圈与局部生态链兼容在一起，形成一种功能齐全的生态系统。在这样的生态系统下，消费者、商家、监管部门等才能形成一种共生共存的关系。

苹果树法则

古代有一个人，整日病恹恹的，不是肚子不舒服，就是食欲不振、夜不能寐。有人建议他找郎中看看，切莫拖延。有一天，这个人拖着疲惫的身体来到一家医馆。大夫问他："你哪里不舒服啊？"这个人说："浑身上下都不舒服，找不到一个舒服的地方。"大夫见他脸色蜡黄，怀疑是肝气郁结所致。于是大夫围绕着肝气郁结这种可能性，继续向这个人发问，结果惹怒了这个人。这个人站起来说："你到底会不会看病啊，我找你是来治病的，不是来让你问话的。"医生见此病人不明事理，便下了逐客令。

这个人回到家，依旧夜不能寐，浑身难受。后来实在忍受不住了，只能再次造访医馆。大夫问他："这次想清楚了？"这个人点点头，开始一五一十地回答大夫的问题。大夫通过"望闻问切"基本找到了他的病因。但是想要明确病因，就需要沿着脉络一点一点梳理。经过梳理，大夫明确了病因，给了他精准的治疗。后来，这个人药到病除，重新焕发了活力。

或许有人问："这个故事与苹果树有什么关系呢？"我们知道，苹果树是由根、主干、枝干、树叶、果实等组成，如果从下到上进行分析，便是根生主干，主干生枝干，枝干生叶，叶下结果。没有根，也就没有一切。但是苹果树又如何成长呢？树叶进行光合作用，然后合成苹果树需要的有机物，促进苹果树生长。苹果树长得越大，根就会扎得越深。事实上，这与大夫看病是一个原理。大夫想找到疾病产生的方式和原理，从上到下梳理，才能找到发病的点，并对症下药。苹果树的成长告诉我们：万事万物都存在一种生态，这种生态与互联网生态也是极其相似的。

《互联网生态：重构商业规则》一书中提到了苹果树法则，书中把苹果树的果实看成互联网生态中的产品或服务，把苹果树的枝干比喻成互联网生态中的平台，把苹果树的根茎比喻成互联网生态中的客户群和品牌建设。产品、平台、客户就是互联网生态中的三大元素。三者之间是共生的关系，缺一不可。

1. 产品

有了产品，才有了商业的定义。产品，也是因为客户的需求而产生的。产品是互联网生态的上游，也可以把它比喻成源头。传统商业时代，是上游提供怎样的产品，客户就要接受怎样的产品。这种供需关系，是一种被动关系。互联网商业时代，则是将客户需求转化成源头输出。产品作为整棵苹果树的果实，给整个生态系统提供了驱动力。

2. 平台

平台就是苹果树的枝干，起到通道的作用。传统商业时代的渠道，就是线下渠道。商家通过代理门店或者销售人员将产品送到客户手上。互联网时代的渠道，更加广泛。另外，互联网时代的渠道更像一个平台，这个平台提供了商家与客户交流握手的机会。因此，这个平台的作用有两个：第一，给商家提供产品展示平台；第二，为客户提供产品选择平台。互联网平台是公开透明、储量惊人的。这个平台可以连接万物，就像苹果树的枝干可以连接无数的树叶和果实那样。

3. 客户

客户在整个生态系统中充当根的角色。没有根，也就没有苹果树。根的作用是为苹果树提供各种营养，如同客户为商家源源不断地提供商品订单一样。有人说："客户是拉动商业发展的主要动力。"互联网的根，就是客户端，这些端口就是客户的入口。互联网的端口越多，客户进入生态的门槛也就越低。客户进入生态系统，成为“生态庄园”里的一个重要角色，在生态系统中发挥作用。

商家为客户提供产品，客户为商家提供订单，这种相互作用都要在平台上实现。不管是从产品到客户，还是从客户到产品，在平台、渠道的串联下，会形成一个生态循环。苹果树法则，就是互联网生态法则。只有遵守这个法则，才能推动互联网时代商业的发展。

○ 生态圈的成长与进化

任何事物都有生命周期和进化周期。一棵树，从小树苗成长为参天大树；一个人，从儿童成长为成年人，从青涩变得稳重，生态圈也是如此。有人说：“互联网生态圈与自然生态圈何其相似。”互联网生态圈不仅有生态规则，而且也有“生老病死”“淘汰出局”。只不过互联网时代，成长与进化的速度加快了。有些企业还没有适应互联网生态圈，便被挤出了市场；有些商家适应了互联网生态圈，与生态圈一起成长、进化。

传统时代的生态圈，是靠生产力来推动的。只要生产力得到提高，生态圈就会繁荣昌盛。互联网时代，生产力水平已经足够高，甚至到了一种“供过于求”的程度。在这种环境下，生产力已经不是推动商业发展的主要力量。真正推动生态圈发展的元素有三个，即客户需求、平台技术、服务水准。客户需求是带动商业发展的主要驱动元素，没有需求，也就不会产生产品和服务。互联网时代的客户需求是多变的、个性化的，甚至有些刁钻的，想要满足客户的这种需求，对产品提供者而言是巨大的挑战。平台技术为客户与商户提供了一个平台，平台越大、越成熟，给双方带来的影响也就越大。服务水准包含两个方面：一个是产品，另一个是服务。有好的服务和优秀的产品，才能对客户产生吸引力。在这三个驱动元素的影响下，生态圈才能成长。互联网生态圈分为以下几个阶段。

1. 互联网生态圈1.0时代

1.0时代已经成为过去时，但是1.0时代对商业模式的影响是巨大的。1.0时代让线上生态成为现实。许多企业、个体工商户等，纷纷将自己的实体店搬到线上，在互联网平台建立了自己的对外展示窗口。互联网用户能够直接从线上选择产品，不需要再跑实体店。1.0时代还有一个特点，O2O模式浮出水面。但是碍于互联网技术不够完善，监督平台以及生态法则不够健全，互联网用户与线上商户依旧存在不对等的互通关系。互联网对商业模式并无实际意义的改变，只是提供了一种信息服务与支持。

2. 互联网生态圈2.0时代

2.0时代就是我们现在所处的时代。有人说："2.0时代与1.0时代，就像成年人与儿童。2.0时代是一个相对比较成熟的时代，是一个肩负责任、背负使命的时代。"不管怎么说，在2.0时代，互联网技术有了长足的进步，互联网的覆盖面积也达到了一定的基数，互联网生态法则也已经健全，它更像一个稳定的自然生态系统。在2.0时代，互联网用户与商户是一种公平、对等的关系。互联网平台在其中起到了中间人的作用。互联网商业已经空前发达，几乎可以满足互联网用户的所有需求，从基础的生理需求到最高级的自我实现需求。2.0时代还有一个特点，资本大鳄开始整合信息资源，向产业化、智能化迈进。2.0时代有了完整的生态圈和生态链，供应能力与创新能力都有了长足发展。

3. 互联网生态圈3.0时代

3.0时代是一个"体验为王"的时代。在这个时代，客户至上，客户决定商业模式的形态。换句话说，客户是互联网生态圈的设计师。比如，客户需要"懒人服务"，需要商户提供更加智能化的产品和服务，商户就要借助科技手段对产品进行不断攻关和研发，帮助客户实现愿望。在3.0时代，C2B模式会得到长足发展。3.0时代是智慧经济与共享经济的时代，各种智能产品、共享产品层出不穷，免费模式逐渐成为现实，产业内容开始IP（知识产权）化。可以说，3.0时代是一个繁荣的互联网商业时代。

《连线》杂志主编凯文·凯利在《失控》一书中表示：用最普适的话来说，进化是紧密的网络，生态是松散的网络。进化性的改变像是强力束缚的进程，非常类似于数学计算，甚或思维活动。在这种意义上，它是“理智的”。在他看来，生态变化则像是迂回的过程，以那些对抗风、水、重力、阳光和岩石的生物体为中心。这也是对处于成长与进化状态的互联网生态圈的一种极好的诠释和概括。

生态圈竞争

在一个自然生态中，物种与物种之间是共生或竞争的关系。所谓共生，就是共用同样的资源，并形成一种循环关系；所谓竞争，就是物种通过竞争才能生存繁衍。食草动物通过吃草获取能量、进行繁衍，排泄的粪便对植物又有施肥作用，这就是一种共生关系；众多食草动物在同一片草原下吃草，但是草资源是有限的，因此就存在一种彼此竞争的关系。竞争就是适者生存、不适者淘汰。这样的竞争与市场中的行业竞争如出一辙。

> 科技公司A在业界非常有名，不管是科技还是品牌，都有一定的市场号召力。俗话说，大鱼吃小鱼，小鱼吃虾米。A公司发展壮大起来，也与“吞并”有关。
>
> 几年前，A公司有一个竞争对手B公司。这家公司的规模、技术研发能力与A公司旗鼓相当，彼此互为竞争对手。但是A公司比B公司更早一步进入互联网，并借助互联网技术发展壮大起来。B公司虽然也有自己的生态，但是逐渐被A公司拉大了差距。三年之后，A公司市场占有量已经是B公司的5倍。又过了两年，A公司直接收购了B公司。A公司的老板说：“兼并与收购，是一种市场行为。企业通过兼并与收购，才能成为一家有竞争力的公司。”

我们常常提到“竞争力”一词。何为竞争力呢？竞争力就是参与市场角逐的两个或者多个商家展现出来的能力。竞争力越强，市场角逐能力也就越强；竞争力越弱，市场角逐能力也就越弱。竞争力有诸多体现，它包括区域竞争力、品牌竞争力、核心竞争力、管理竞争力、财务竞争力、人才竞争力、创新竞争力、产品竞争力等。但是这种竞争，是一种局限于某范围内的竞争。互联网时代的竞争，是一种没有界限的竞争，或者是一种所属生态系统的竞争。生态系统的竞争是一种高级竞争关系，它是互联网 3.0 时代的竞争。

互联网 3.0 时代的竞争有一大特点：跨行业。比如，某互联网大鳄将客户资源与生态链进行重新整合，形成一个互联网商圈。这个商圈包括各行各业的消费者，各种产品的生产商、供应商、代理商，服务提供者，第三方信用中介，股东方，商业银行等，我们可以把互联网大鳄构建的生态圈看作“总生态”的一个局部生态系统。但是“总生态”下还有许多这样的生态系统，这些生态系统如同草原上的独立马匹，存在一种直接的资源竞争关系。比如淘宝、京东、苏宁易购、1 号店、国美等电商生态圈，就存在一种直接的竞争关系。2016 年 6 月 18 日的“互联网大佬口水战”，就吸引了各方关注。阿里巴巴董事局主席马云认为，因为是生态，所以它生生不息；因为是生态，所以它也有春夏秋冬。阿里巴巴希望的是，在这个生态里，崇尚诚信、努力奋斗、不断学习、敢于创新的企业能够成功。马云的观点从某个角度反映出，生态对于一家企业是非常重要的。一家企业代表着一种生态，不同的生态在角逐过程中依然适用于达尔文的进化论。只不过这种竞争是一种综合竞争，一种多维度竞争。

除了这些极具实力的大企业，小企业和个体商户也在创造自己的生态。这种生态，更像是某种社群。如今，许多小企业集中力量做特色产品和服务，借助互联网技术，对客户实施精准营销和社群营销，从而创造属于自己的社群生态圈。小企业之间的竞争，是一种社群生态圈的竞争。这种竞争方式与大生态竞争方式也是相同的。创造并扩大自己的生态圈，就是提高竞争力的一种方式。

马化腾谈及互联网生态竞争时表示，在腾讯开放平台推出的初期，很多人把它看作一棵大树，认为合作伙伴需要变成枝叶才能获得入口和流量。这种树状结构正在演变成“去中心化”的网状结构，形成了合作伙伴自主生长、多个领域的伙伴与腾讯一起开放的新生态。腾讯构建的这种生态，正是许多公司努力构建的方向。互联网大生态下的小生态竞争，便是互联网3.0时代的主要竞争形态。

○生态圈：由闭合走向开放

我国北方某地区有一条老河道，深约三米，里面有许多鱼。附近许多村民常常会携带渔具来老河道捉鱼。为了捉到更多鱼，有些村民把摩托车电瓶改造成电鱼工具，在老河道电鱼。不到半年时间，老河道里就几乎没有鱼了。后来，某村支书承包了老河道的经营权，在老河道里撒下许多鱼苗。为了防止附近村民偷鱼，他在老河道的岸边盖了一间砖瓦房，雇人看管老河道。

村支书的这种管控办法很奏效，没有一个人来老河道偷鱼，甚至连经常来老河道玩耍的儿童，也不见踪影。第二年，老河道的鱼进入市场，村支书赚了三万多元。但是后来几年，老河道的鱼却很难卖出去。村支书找不出原因，便向村民询问。村民反映：老河道以前是公共水域，承包了就变成私人水域，许多人的心里都有一个疙瘩，在背后说坏话的人、造谣的人也有很多。

村支书恍然大悟，把经营几年的老河道"鱼塘"改成了老河道"渔家乐"。村民可以去老河道钓鱼，钓上来的鱼将以低于市场价格20%出售给村民。村支书的这一办法解开了村民的心结。村民不仅能重回老河道钓鱼，而且常常在村支书的"渔家乐"餐饮消费。封闭的老河道给村支书带来了短暂的收入，开放的老河道却给村支书带来了长期持续增加的收入。

如今，许多互联网大佬都在做生态圈，生态圈做得越大，带来的效益也就越多。比如，小米科技原本只是一个手机制造商，但是它借助开放的互联网技术和迭代创新能力，形成了一个巨大的产业链。在这个产业链中，有手机、电视、电脑、路由器、音响、网络机顶盒等，这一套产品组合，就可以构成一个智能家居系统。在智能家居里，客户可以享受到小米科技带来的极致体验，这种体验也是开放性的，这种开放性源自小米科技对安卓平台的选择。

与安卓的这种开放相对应的就是苹果 IOS（苹果公司开发的移动操作系统）的不开放。苹果公司借助这种不开放，为客户输出极致体验。与此同时，也带来了许多问题。比如，越来越多的“果粉”通过“越狱”实现免费下载；更有大量消费者抱怨其软件更新缓慢、产品缺乏创新、收费高昂等。不可否认，苹果公司依旧是世界上品牌价值极高的公司，但是不开放造成的问题也越来越严重。或许某一天，苹果公司也会由闭合走向开放。

事实上，开放是一种共享、共赢。俗话说，想要发财，首先要让其他人尝到甜头。2015 年，百度 CEO 李彦宏提出三不政策：坚决做工具，不谋求控股；不划分阵营；不贴标签。三不政策，恰恰体现了开放。给互联网用户和企业搭建一个开放、自由的互联网生态平台，才能提高用户体验、刺激产品创新，才能让互联网真正融入人们的生活。

第十章

互联网时代的金融

◯ 互联网金融：传统金融终极进化

互联网对世界的渗透与改变是全方位的。有人说："互联网时代，不仅改变了技术方面的应用，还会带来思想上的启发。"蒸汽时代与电气时代，带来的更多是生产力的变化。互联网既是技术，又是一种思维。如今许多企业都在借助互联网思维进行市场布局，继而实现改革和创新目标。

互联网对传统金融领域的影响也是不言而喻的，或者可以用颠覆来形容。互联网技术带来了第三方支付、众筹等一系列金融模式，这些模式打破了传统金融单一渠道的模式，丰富了金融市场，同时也将对传统金融发起猛烈冲击。如今，许多商业银行也开始思索：如何才能借助互联网技术提升自己的核心竞争力呢？互联网金融对未来金融市场的影响有以下五个方面。

1. 拓宽了渠道

传统金融业，就是以银行、证券为主的行业，服务渠道非常单一。以商业银行为例，其服务渠道就是去各大银行营业厅办理业务，业务办理门槛高，复核时间长，办事效率低，融资渠道也是如此。互联网的出现，让移动互联网技术帮助传统金融企业拓宽了业务办理渠道和融资渠道。

2. 优化资源配置

有人认为，互联网时代是小微企业的时代。如今，我国有超过 5000 万家小微企业，小微企业也成了社会经济的重要组成部分。小微企业的发展，大大刺激了金融市场，如融资、贷款业务等。传统银行办理贷款，需要小微企业提供有效抵押物，缺少有效抵押物就无法办理贷款。互联网时代，互联网金融企业对抵押物的要求较低，小微企业借助互联网信用凭证就可以办理业务。因此，小微企业可以快速得到流动资金用于经营运转。互联网金融平台的出现，对优化社会资源配置方面有很好的促进作用。

3. 扩大金融覆盖面积

有人说："金融覆盖率与文明程度有关，金融覆盖率越高，社会文明程度也就越高；金融覆盖率越低，社会文明程度也就越低。"互联网是一种非常好的工具和载体，它可以帮助金融企业提高金融覆盖率，扩大金融覆盖面积，让金融服务延伸到传统金融服务难以服务到的地区。

4. 促进金融跨界

传统金融企业只是深耕金融领域，很少涉足其他行业。互联网时代来临，许多金融企业借助互联网技术进行大胆尝试，打破行业界限，走到其他领域。比如，许多商业银行有自己的自主电商平台，不仅可以带动产品销售，也能把扶贫产品带到平台上来。某银行行长表示，做大金融市场的前提，就是打破现有市场。金融是一个非常大的概念，它涉及商业领域的方方面面。互联网技术的出现，加快了传统金融企业的跨界。

5. 提高客户体验

传统金融企业的服务质量参差不齐。互联网金融让用户有了更多的选择余地和体验空间，甚至可以帮助用户实现单一账户对跨银行保险投资的多个账户的管理。另外，众筹等平台的出现，更能满足用户多变的金融需求。许多传统金融企业也借助互联网技术实现帮用户进行财富管理、资产分配等有效服务，从而提高用户黏度。

互联网金融的英文名称是 Internet of Finance，互联网金融不是互联网技术金融，而是一种"互联网技术 + 互联网思维 + 用户"的金融。随着互联网金融技术的成熟与完善，金融风险将会逐渐降低，交易成本也会变得更低。

低成本的 P2P 网络借贷

互联网金融的出现是必然，互联网金融的某些优点也是传统金融不具备的。事实上，金融虽披上了互联网的外衣，但本质并未发生改变。互联网对金融的升级，也是对商业模式的一种升级。

传统金融时代，人们办理贷款时的手续是非常复杂的。不仅需要提供抵押物，而且需要找担保人进行担保。事实上，没有多少人愿意充当担保人的角色，担保的风险是难以估量的。对于小额贷款而言，寻找合适的抵押物也不是一件容易的事情。

有些人为了拿到5万~10万元的流动资金，只能采取两种办法：第一种是办理大量信用卡。第二种是民间借贷。P2P（个人对个人）网络借贷的出现，给小额借贷者带来了希望。

1976年，孟加拉国经济专家尤努斯曾经把27美元借给42名贫困者，用来支付他们制作竹凳的微薄成本。这种免于高利贷的小额贷款之路慢慢在孟加拉国发展起来。后来，尤努斯创建了格莱珉分行，致力于孟加拉国妇女的小额贷款业务。这种贷款模式英文名叫“Peer to Peer”，即P2P贷款。这种贷款模式让有贷款需求的人通过有资质的第三方中介，借助贷款这一方式拿到包含利息的贷款。

P2P网络借贷经历了以下四个时代。

（1）1.0线上无担保时代。

互联网的出现，让这种贷款模式迅速发展到网络上。为了满足用户的贷款需求，许多P2P公司提供一种无担保的小额贷款服务。但在信用安全机制不健全的情况下，不负责任的借贷案层出不穷，这也导致P2P网络借贷迅速走到线下。

（2）2.0纯线下时代。

这种小额贷款，仍旧属于民间小额高利贷贷款模式。这种小额放贷公司，对2万元以下的贷款提供无担保服务，对2万元以上的贷款提供担保服务。如今，这种不合法的小额放贷组织还有许多，并且成为一种社会不安定因素。线下担保（无担保）贷款模式需要国家政策和法律法规进行规范，才能向良性发展。

（3）3.0线上有担保时代。

这个时代，可谓是吸取了1.0时代的教训，将无担保发展为有担保。在这个时代，对抵押物或者担保人的审查显得尤为重要和严格。

(4) 4.0线上线下结合时代。

4.0时代可能还没有到来。线上线下结合，不仅会提升服务质量，提高小额贷款的成功率，而且将会大大降低金融风险。可以说，4.0时代才是P2P网络借贷的时代。

互联网众筹模式

有一位年轻的研发达人，做过许许多多小发明，也申请了不少专利。他有一个梦想，就是开一家自己的公司，然后将自己的发明进行量产。但是这位年轻人没有钱，只能在一家公司打工攒钱，希望有朝一日梦想成真。

几年后，众筹开始风靡世界。许多人通过众筹获得创业资金，并实现了自己的梦想。这位年轻人开始研究众筹，并写了一份创业规划报告。他向众筹平台发起众筹，筹集创业资金20万元。在一个月的时间里，这位年轻人通过众筹获得了35个人的投资，这35个人也就成为公司的股东，并占有公司20%的股份。有了创业资金，年轻人的创业梦很快就实现了。他在郊区租了一个厂房，引进设备，开始量产自己的发明。第一年，这位年轻人就赚了30万元。他感慨道："众筹就是一个好汉三个帮。没有众筹，恐怕我的创业梦就难以实现了。"

众筹，英文名字叫Crowdfunding，也叫大众筹资。发起一次成功的众筹，需要三个条件：发起人、投资人、平台。通常来讲，发起人需要将自己的想法展示给潜在投资人，谁感兴趣，就会跟股。投资人，就是广大互联网用户，投资金额是非常自由的。平台，就是众筹网站，现在知名的众筹网站有京东众筹、淘宝众筹、众筹网、苏宁众筹、天使汇等。这些网站为广大众筹发起人提供了非常好的众筹机会，能够让他们快速得到投资人的资金。另外，众筹还进入了公益、慈善领域。可以说，众筹改变了传统小额投资方式，让投资变成了一件门槛很低的事。对于发起人而言，众筹能够帮助他们找到合适的投资人；对于投资人而言，众筹能够帮助他们找到自己感兴趣的好项目。互联网众筹有四个特点，即低门槛化、多样化、大众化、创意化。

1. 低门槛化

只要你是一个怀揣梦想、有创意、有正能量的人，就可以成为众筹的发起人。我们常常看到一些年轻人为了梦想而发起众筹，并且通过众筹募集到资金。众筹的门槛非常低，不需要提供抵押物。传统银行贷款，通常需要人们为银行提供抵押物，比如住房等。一旦投资失败，无法偿还银行贷款，抵押物就会被银行拍卖。因此许多人选择众筹，就是看准众筹的低门槛。

2. 多样化

众筹的种类、花样是非常多的。只要发起人的项目有市场潜力，就可以申请众筹。另外，国内众筹网站上的项目也有许多，比如科技、音乐、设计、食品、影视、游戏等。这些多样的众筹项目几乎可以满足各类人的众筹需求。比如，一位年轻人为自己的私房菜餐厅募集15万元的资金，通过众筹实现了开餐厅的梦想。还有一些艺术家通过众筹募集办个人画展的资金。

3. 大众化

传统的投资领域，只属于投资公司和专业投资人，普罗大众难以涉足。众筹网站的出现，让大众投资变成一件很简单的事情。借助众筹平台，普罗大众也可以成为投资者。有一位众筹达人，在众筹平台投资了10多个项目，一共投入了30万元。这10多个项目每个月能够给他带来1万元股红回报。通过投资，这位众筹达人成为一名“家庭专职投资人”。

4. 创意化

众筹属于那些有创新、有想法的人。发起人想要通过众筹平台的审核，需要向平台全面展示自己的创意，比如规划书、图片文案、潜在回报率等。只有符合要求者，才能通过众筹平台的审核，成为一位众筹发起人。如果众筹申请者的创意不够，或者缺乏市场回报，是无法通过众筹审核的。

众筹不仅是一种互联网金融模式，还是一种人人参与投资的文化。众筹体现了“众人拾柴火焰高”的特点，不仅让众筹发起人梦想成真，还能让众筹投资人赚到一笔分红。

风靡全球的互联网理财

理财是一种致富手段，许多人通过理财实现了财富的积累。司马光说：“善治财者，养其所自来，而收其所有余，故用之不竭，而上下交足也。”具备理财能力的人，才是真正的财富拥有者。

有一位都市白领，年收入20万元。这位白领非常善于理财，并且拥有了3套房产。他是如何做到的呢？前面我们讲到众筹，他就通过众筹平台投资项目。比如，他投资某创意餐饮项目，每年可以得到1万元左右的分红；他投资某微电影，微电影为他带来了1万元的收入……他前前后后投资了10多个项目，每年可以获得6万元左右的收入，如果平摊下来，每个月就有5000元，收益非常可观。另外，这位都市白领还长期进行“基金定投”，定投4只基金，基金也为他带来10%的年增长收益。通过买卖房产、炒股、入股朋友公司的方式，这位都市白领又可以获得不少收入。因此，一位年收入20万元的白领在几年时间内就拥有3套房产等价值近千万元的收益。

著名经济学家约翰·坎贝尔说：“投资不仅仅是一种行为，更是一种带有哲学意味的东西。”投资，是一种理财，是一种钱生钱的方式。传统时代，人们的理财方式较为单一，比如购买股票、基金、期货、银行理财产品、理财型分红保险及投资固定资产等。这些方式虽然能够为人们带来不同的收益，但是选择类型还是少的。互联网时代，各种互联网理财层出不穷，比如余额宝提供高于银行存款利率的存款服务，各种投资平台让人们成为许多小微企业的股东，参与小微企业的分红。

许多人网上购物的同时，也能够快速划账理财，不需要上门开办理财手续，只要拥有互联网移动设备就可以操作，实现一键理财。

一位经济学者认为，理财市场是有经验的人获得更多金钱，有金钱的人获得更多经验的地方。很显然，互联网为人们提供了更多的理财场所和理财渠道。人们可以选择投资理财，也可以选择存款理财。如今，“80后”“90后”中约有45%选择互联网理财。一位年轻人说：“互联网理财简单方便，收益率也比传统理财收益率高。”另外，许多人选择互联网理财的原因是门槛低、省时省心。有一位“80后”培训师选择余额宝理财，他将每月赚来的培训费按比例存入余额宝，存入数额不受限制，存多存少都可以，提现也非常方便。因此，互联网理财深受互联网用户喜欢。

值得注意的是，互联网理财虽然非常时髦，但是存在一定的风险。比如，互联网上存在以诈骗为目的的理财网站，通过承诺高回报率吸引用户投资。比如国外某数字黄金网站，承诺用户每年多倍的回报率，许多人选择该平台，梦想能够得到高收益，不料却掉进互联网理财陷阱，甚至有一些老年人赔上了“棺材本”。因此，选择互联网理财平台非常重要，要选择一些优质的平台，不要相信“天上掉馅饼”的理财方式。

一个人的财富，一部分靠双手赚取，另一部分靠理财所得。如果互联网用户能够选择信誉良好的投资平台，就会得到财产上的增值。

第十一章

互联网时代的“万物互联”

⬡ 物联网：互联网时代后的浪潮

互联网时代的到来，引发了一系列技术革命。其中一个英文名为“Internet of things”的事物也被抛了出来。“Internet of things”到底是什么呢？从字面解释，它就是将所有的“物”通过互联网进行连接，因此也叫物联网。

物联网与互联网是有区别的。互联网是人人相连，也就是说互联网的两端是人；物联网是物物相连，物联网的两端是物。两个人通过互联网可以进行交流、购物、娱乐、工作等一系列活动。物联网更像是智能摄像头，有人经过便自动开启，还会根据场景变换模式。当然，物联网的基础是互联网，没有互联网也就没有物联网。

互联网是功能强大的智慧系统，它能够彻底颠覆人类世界，让“万物互联”，让世界成为一体化的世界。马云在 2017 世界物联网博览会上表示，因为物联网，“万物互联”，它会真正让人们进入到一个数据的时代。离开了“万物互联”，再强大的计算能力也没有用，再强大的机器没有原材料也是空转。“万物互联”，超乎人们的想象。

如今，智能家居进入人们的生活。联网的智能家居，也算一种狭义的物联网。比如，人们可以利用手机实现电视机的开启、换台，空调的开启，电灯的开启，冰箱的开启等。只要能够连接网络，一部手机就能控制人们日常的饮食起居。智能灯泡是智能家居中的一个代表，它为人们带来了非常好的居家体验。人们可以通过手机控制智能灯泡的开关、亮度、颜色以及律动。有了智能灯泡，人们可以在自己的家里享受“灯光秀”带来的乐趣。

BroadLink 公司就是一家致力于智能家居的公司，BroadLink 的 CEO 刘宗孺认为，不管是空调还是窗帘，这些东西联网以后，BroadLink 会在虚拟世界让它存在，把它变成一个虚拟设备，它会跟很多其他的虚拟数据，产生化学反应。NEC（日本电气股份有限公司）的高级副总裁丁伟则认为，物联网可以用各种技术来实现，比如 Wi-Fi（无线宽带）、蓝牙，都可以用于设备之间的连接。物联网从最开始的设备之间的连接，逐渐向服务与平台整合发展。换句话说，物联网拉近了人与世界的距离，甚至可以让人们实现对世界的智能管理和职能切换。

事实上，物联网并不是一个新概念。早在几十年前，物联网的概念就已经出现。那个时候，物联网被定义为自动化控制，比如全自动的生产流水线、智能马桶、全自动汽车引擎技术等。自动化控制让社会生产变得更加智能和标准化，也大大提高了生产力，节省了大量劳动力成本。马云认为，机器会取代大部分机械的工作，也会取代人类的一些工作，但是人类将会进行一些更有效率、更具创意、更有体验的工作。过去 30 年把人变成机器，未来 30 年要把机器变成人。物联网就是让万物智能化、系统化，它可以解放劳动力，让更多人享受智能化的世界。

物联网功能强大，离不开三项重要技术，即传感器技术、RFID（射频识别）技术、嵌入式系统技术。传感器技术是互联网时代一项非常重要的技术，有了这项技术，才能把模拟信号转化成数字信号。RFID 技术也是传感器技术的一种，这种技术将无线射频技术和嵌入式技术进行了整合，在物品识别等方面有着较为普遍的应用。嵌入式系统技术更是一种复杂的综合技术，它融合了集成电路、传感器、电脑软件、电子应用等多项技术，如果将这种强大的技术镶嵌在智能物品中，就能提高手机、智能手表、导航仪等物品的使用性能。

有人说："物联网可以改变世界的温度。"这句话虽然有些夸张，但是物联网技术让智慧家庭、智能工业、智慧城市成为一种可能。未来的世界，也将是"万物互联"的世界。

◯ 智能工业：“物联网 + 工业 4.0”

物联网有一个突出应用，就是智能工业。将传感器技术、RFID 技术、嵌入式系统技术运用到工业生产中，可以大大提高工业生产的智能化水平，把大量工人从生产车间解放出来。物联网是一套智能化、自动化系统，这套系统是通过互联网架构起来的。还有些人把物联网看作“互联网 + 物”，认为它是通过互联网指挥中心对“物”进行控制。

滴滴出行是国内知名的“打车系统”，只要互联网用户从滴滴出行软件或者微信窗口进入，输入相关地址，就可以专享打车服务。滴滴司机可以通过卫星定位找到互联网用户所在的位置，然后将互联网用户送到指定的地点，并从中赚取服务佣金。滴滴出行系统应用了大量物联网技术，比如卫星定位、呼叫处理技术等，通过这些技术才能实现服务的对接。

海尔集团是国内较早打造智能工业产销一体的企业之一。海尔集团为何走智能工业这条路呢？事实上，智能工业的前身是自动化工业。借助先进的技术，就能提高生产效率，与此同时还能够实现标准化生产，产品质量也能够得到保证。另外，工业是一个竞争激烈的行业，许多超大型家电企业都在“生死线”上挣扎，产品利润几乎触碰底线，稍有不慎就会赔钱。因此，海尔集团进行了一系列的改革，将互联网与自动化相结合，形成了一套独特的智能生产体系。其中 COSMOPlat 平台非常有代表性。

德国国家工程院院士库恩表示，自己一直都很关注一家企业如何实现工业 4.0，海尔集团在其中起到了很大的帮助作用，在目前已经实现工业互联网平台探索的企业中是比较领先的，相信在智能制造的进程中海尔集团会取得很好的成就。COSMOPlat 可以让用户与智能制造联系起来，让用户参与工业设计，让用户定义自己所需的产品类型。德国菲尼克斯公司副总裁罗兰德·本特认为，海尔集团呈现的用户个人定制平台让人印象深刻，这种互动模式的整个流程都与用户紧密相连，这是一个很棒的理念，也是未来所在。COSMOPlat是智能工业4.0时代的标志性产物，用户定义产品就是工业4.0时代的重要标志。

智能工业4.0时代已经悄悄来临，智能工业4.0的鼻祖级人物Zuehlke教授表示：目前市场的一个最新的趋势就是用户希望能够参与进来，而且尽可能快地拿到自己的产品。不仅在中国，全球都需要这样的平台。智能工业4.0有以下五大特点。

1. 万物物联

就像物联网连接万物的道理一样，智能工业4.0将与工业相关的所有"物"联网整合在一起。以海尔集团为例，其COSMOPlat平台将工厂、设备、生产线、供应商、用户、产品等集中在一起。另外，COSMOPlat平台还汇集了上亿万用户资源，并将世界一流资源如ABB（电力和自动化技术领域的领导厂商）、欧姆龙、菲尼克斯等企业汇集在一起，形成了一个智能工业生态圈。

2. 数据处理

物联网的启动与完成，需要借助相关数据才能实现。因此，有些工业企业引入数据处理技术，并将这种技术运用到工业经营中。与智能工业相关的数据有客户数据、产品数据、研发数据、市场数据、运营数据、管理数据等，这些数据就是智能工业的DNA。

3. 智慧集成

智能工业大量采用传感器技术、RFID技术、嵌入式系统技术，通过这些技术将物与物、物与人进行紧密结合。集成，就是将所有的智能技术汇集成一套系统，将这套系统镶嵌到智能工业的产业链内，由此产生强大的推动力。海尔集团的COSMOPlat就是一套集成智慧系统。

4. 万众创新

万众创新是一种全面的、综合性的创新方式。国务院总理李克强2015年表示，创新不单是技术创新，更包括体制机制创新、管理创新、模式创新，中国30多年来改革开放本身就是规模宏大的创新行动，今后创新发展的巨大潜能仍然蕴藏在制度变革之中。智慧工业4.0时代的创新，同样是极具创客精神的人所发起的，它包括产品创新、模块创新、组织创业、业态创新、平台创新等，创新能为工业带来永续动力。

5. 工业转型

智能工业4.0时代之前，还有1.0时代、2.0时代、3.0时代。每一个时代，都有不同的标准和标志。4.0时代的工业，是一种转型后的形态，是智能工业、创新工业、个性工业、定制工业。顺应时代潮流，才能让工业更具竞争力。

美国互联网专家克莱·舍基认为，人与人的连接更重要。物联网与智能工业虽然是物与物的联网，但其本质则是物后面的人的连接。就像海尔集团的“人单合一”模式那样，让每一个人成为自己的“造物主”，才是智能工业4.0时代的灵魂。

智慧城市与物联网

许多科幻电影中都描绘过智慧城市的面貌，整个城市就像一个巨大的精密仪器，在电脑程序的控制下有序运行着各种功能。比如，交通不需要交警来指挥，完全由智能交通模式对交通进行梳理；医疗上，病人不再为挂号犯愁，手机预约成为一种方向；教育上，家庭远程教育取代学校教育，让教育变得更加人性化，更具针对性……虽然现代都市距离真正的智慧城市还有一段距离，但是科幻电影里描述的各种场景正在一一变成现实。

智慧城市的概念是在怎样的环境下提出来的呢？说起城市，我们总能够联想到这些问题：人口密集、生活成本高、交通堵塞、PM2.5超标、社会治安问题、城市承载压力巨大等。这些问题集中在一起，就形成一种城市病。以北京为例，北京是一座既古老又现代的城市，常住人口超过2000万人，是个名副其实的国际大都市。这样一座城市，就像一个人的身体，如果出现代谢异常，就会出现严重的问题。为了缓解北京的城市病，相关部门也做了许多工作，提出了许多建议。比如，建立多中心，使得每一个区都有自己的中心，通过这种方式疏解中央核心区的职能；对人口进行梳理，缓解中心城的压力。这些方法虽然各有其道理，但是实施起来未必能达到最理想的效果。因此有人认为，智慧城市的概念可以帮助大城市去除病根。对于我国而言，国家“十三五”规划也明确提出，加强现代信息基础设施建设，推进大数据和物联网发展，建设智慧城市。

物联网在建立智慧城市方面能够提供哪些帮助呢？前面我们介绍过，物联网是一种“万物互联”，它可以借助三项核心技术升级工业、交通、物流、教育、资源管理等多个领域，不仅能够提高科学管理的效率，而且能代替人的职能，推动各行业创新发展。习近平总书记说：“以推行电子政务、建设新型智慧城市等为抓手，以数据集中和共享为途径，建设全国一体化的国家大数据中心，推进技术融合、业务融合、数据融合，实现跨层级、跨地域、跨系统、跨部门、跨业务的协同管理和服务。”因此，物联网是架构智慧城市的基础平台。智慧城市同样也有三个版本，即智慧城市 1.0、智慧城市 2.0、智慧城市 3.0。

1. 智慧城市 1.0

智慧城市 1.0 是智慧城市的初级阶段，这个阶段主要借助物联网技术建立并完善城市功能，比如交通管理、水资源管理、消防设施管理、地下管道管理、自然灾害预防等。城市功能得到补充和完善，就能大大减轻城市病的症状，实现精细化城市管理。

2. 智慧城市 2.0

智慧城市 2.0 是智慧城市的中级阶段，这个阶段是智慧城市的发展与创新阶段。随着物联网覆盖率逐年提高，城市智慧管理系统逐渐完善，一个具备智慧感知系统的平台将会被建立起来。在这个阶段，智慧城市初步具备自动化运转能力，并形成一种智慧生态。

3. 智慧城市 3.0

智慧城市 3.0 是智慧城市的终极阶段，这个阶段的城市是智慧城市的最终形态，具有高度智能化、精细化、创新化等特点。我们甚至可以用“乌托邦”来形容智慧城市3.0，它完全就是一台精密的计算机，服务于整个城市的发展和建设。这个阶段的城市是“全面感知、物联万物、创生智慧”的城市，这样的城市不会受城市病困扰。

打造智慧城市与保护传统文化并不是完全背离的。相反，智慧城市可以在传统文化保护、教育改革、医疗改革、信息惠民工程等方面发挥创新、突破作用。借助物联网实现智慧城市，是现代人致力于社会文明建设的一个重要方向。

智能硬件：物联网掀起的新革命

智能手机给人们带来了全新体验，作为一款出色的移动互联网通信设备，它帮助互联网用户实现了通信、社交、娱乐、理财、办公等需求。智能手机虽小，但是功能强大，它还能成为智能家居的“遥控装置”，具备“遥控万物”的能力①。随着互联网技术和物联网技术的不断发展，智能手机的功能还会更加强大。

智能手机之后，一些通过软件与硬件结合的智能硬件也纷纷出现在消费市场。这些智能硬件与智能手机相似，具备连接一切的能力。它们能够借助互联网和云计算，为用户提供相关智能服务。风靡世界的智能手环就是一款可穿戴的智能硬件，这种手环可以记录用户在日常生活中运动、睡眠等相关数据，并将人体相关的数据上传至互联网数据库进行分析。智能手环与互联网是同步运行的，因此能够为用户提供有针对性的健康保健服务。许多运动达人都非常喜欢这款智能硬件，它能够指导人们健康运动、饮食。

物联网，虽然是物物相连，但是一切“物”都是围绕着人进行运转的。2017年，百度推出一款智能硬件，名字叫“raven H”。“raven H”

①智能手机的软硬件已经十分强大，大尺寸的触摸屏可以设计成各种键盘布局的控制器。只要有合适的软件，配合小的附件，智能手机甚至可以当作家用电器的万能遥控器来使用。

是一款智能音响，它不仅有调皮的外表，功能也十分强大。“raven H”搭载着百度DuerOS 2.0系统，这个系统非常像十年前的安卓系统，是一个开放的、功能强大的系统。因此，拥有“智慧大脑”的“raven H”还具备播放音乐、遥控播放视频、打开电视、遥控智能灯泡、遥控空调等功能。换句话说，“raven H”不仅是一个音响，它更像是一个小型智能机器人。随后，百度推出另一款智能硬件，它的名字叫“raven R”。“raven R”是一种六轴机器人，这种智能机器人不仅能够为人们提供情感需求方面的帮助，还能够根据语音指令回答问题、跟随音乐节奏跳舞。与此同时，百度还有多款智能硬件在推广、研发过程中。百度的智能硬件依赖于号称“百度大脑”的百度人工智能平台，这个平台具备强大的语音、图像、自然语言、用户画像的处理能力。“百度大脑”已经开放80多种核心AI（人工智能）能力，这些AI能力能够为用户提供更全面、更具个性的信息服务体验。正如前百度COO（首席运营官）陆奇所说：“未来百度还将不断推出一系列由AI驱动的创新产品，我们将使AI看得见、摸得着，让AI走进每一个人的生活，做更懂你的产品，让世界更简单。”

如今，像“raven H”这样的智能硬件产品还有许多，主要涉及的领域有智能空调、智能汽车、医疗健康、智能玩具、智能机器人、路由器、充值、穿戴等。智能硬件的发展前景广阔，极具市场潜力。我国南方地区有一家高科技公司生产的家庭服务机器人，能够帮助用户实现信息传送、监控监测、安全检查、卫生清扫、物品搬运、家电遥控、家庭娱乐、婴幼儿教育、报警催醒、统计计算等功能。虽然这类家庭服务机器人造价成本高、价格较贵，但依旧有许多都市用户选择购买。家庭服务机器人不但能够给家庭带来欢乐，而且能够给家庭成员带来非常好的生活体验。

科通芯城的董事长康敬伟认为，智能硬件是下一代移动互联网的入口，对整个中国的制造业来讲，今天智能硬件讲的是一些很新很炫的东西，讲机器人、智能汽车。但是往后看五年、十年，身边的每一件物品都会是智能硬件。

◯ 智能家居与物联网

古代有一个人，他有一些非常古怪的想法。他希望自己居住的房子可以像鸟儿一样在天上飞翔，希望有朝一日能够过上梦幻般的生活。于是此人发明了许多稀奇古怪的东西，比如木质风扇、用来推磨的水车等。在周围人的眼里，这个人简直就是一个“奇葩”。脑洞大开的人在当时的社会，是很难被理解的。

这个人的妻子也非常不理解他，常常诧异地问：“整天做这些东西有用吗？有这精力，还不如出去赚点钱。”面对质疑，这个人的解释是：“我只是想让自己的生活体验好一点而已。”当然，这位古人不可能取得成功。后来他只能放弃这些奇思妙想，重新拾起了“锅碗瓢盆”。

人们自古以来就有对美好生活的追求。只是碍于科学技术发展水平的低下，愿望也始终是愿望。物联网诞生后，一个名为“Smart Home”的概念随之出现。什么是“Smart Home”呢？中文解释就是智能家居。智能家居就是借助物联网技术，将家庭内的生活设施进行集成化管理，从而提升家居生活的安全性、舒适性、便利性、艺术性。虽然智能家居无法实现“飞上蓝天”的梦想，但让人们的生活体验得到了很大的提升。

智能家居有八大先进系统，即布线系统、网络系统、智能中央控制系统、照明控制系统、家庭安防系统、背景音乐系统、多媒体系统、环境控制系统。通过这些智能系统，用户可以实现防火防盗、自动报警、自动控制开关（门窗、窗帘、空调、电灯、电视机、电冰箱、洗衣机、电饭煲、音响等）、环境控制（空气质量、温度、干湿度等）、多媒体应用控制等。

智能家居主要采用无线技术，包括蓝牙技术、Wi-Fi 技术、ZigBee（紫蜂协议）技术。蓝牙技术是一种短距离的无线电技术，这种技术非常成熟，适合短距离点对点式的通信，比如手机、电脑、蓝牙耳机、MP3 等带有蓝牙功能的互联网设备。Wi-Fi 技术是当今应用面积最大、普及率最高的短程无线传输技术，这种传输技术能够在百米以内帮助移动互联网工具进行连接。也就是说，Wi-Fi 完全可以覆盖一个家庭。但是 Wi-Fi 技术有一个缺陷：功耗比较高。ZigBee 技术是一项新技术，这项技术是一种低功耗、短距离无线通信技术，其特点是自组网、成本低、功耗低、超视距、可靠度高。小米智能家庭套装就选择了 ZigBee 技术。

世界上最著名的智能家居恐怕就是微软总裁比尔·盖茨的私人别墅了。比尔·盖茨的私人别墅名为世外桃源 2.0，位于美国西雅图华盛顿湖畔，总造价约为6300 万美元，耗时 7 年完成。世外桃源 2.0 有以下几个特点：①智能照明和智能温控。主人可以根据个人的心情设置任意光线和温度。②智能相框。室内的所有相框都是兼具储存与上网功能的浏览器，既可以显示照片，也可以进行操作应用。③智能音乐。据说人走到哪里，音乐就会跟到哪里。④智能宴会厅。这个可以容纳 150 人的超级宴会厅可以完成高规格接待任务。⑤超级图书馆。这个可以接收自然光并且能够智能调整光线的图书馆，同样技术感十足。⑥智能种树。据说比尔·盖茨豪宅内的一棵枫树也得到了智能灌溉的特殊照顾。以上这些特点仅仅是智能家居的其中几个方面而已，未来的智能家居传输速度更快、布线成本更低、信息服务功能更强大。

海尔集团也是国内智能家居的领导企业，其董事长张瑞敏认为，美好生活要和时代相结合，现在我们进入了物联网时代，海尔正在把电器变成连接用户的“网器”，让用户参与创新，把美好生活一“网”打尽。智能家居不仅是物联网时代的产物，更是用户参与设计的佳作之一。

第十二章

互联网时代的区块链

◯ 底层技术：区块链

提到商业，我们立刻就会想到货币。货币在商业交易过程中充当一般等价物。因此，货币是一种商业符号。远古时期，人类使用原始货币，这类货币一般由贝壳制成。人类掌握了金属冶炼技能后，金属铸币也就出现了。再到后来，人类又推出纸币。虽然质地、外在形式不同，但是这些货币有一个共同特点：都属于有物理属性的货币。互联网时代来临，货币形式也发生了改变。

2008 年，日本人中本聪提出了比特币这一概念。他认为，比特币是一种网络节点的货币，这种货币没有发行方，需要借助计算机算力挖掘出来。这种货币可以借助互联网任意买卖。2009 年，一种由一串代码组成的数字货币便诞生了。

比特币是一种数字货币，在最初的诞生纪元里，有人甚至用比特币购买比萨，没有人认为比特币在十年之后的 2018 年会有较快发展。

如今，互联网金融开始向数字货币领域渗透，因此出现了许多炒币平台。但是需要提醒的是，炒币有风险，要关注其合法性。

除了数字货币外，数字货币的底层技术区块链似乎更具应用价值。区块链是什么呢？简而言之，区块链是一种集分布式数据存储、共识机制、点对点传输、加密算法于一体的计算机应用技术。从本质上讲，区块链就是一种数据库，这种数据库通过“链”串联起来。区块链技术有哪些特点呢？通常来讲，区块链技术有以下五个特点。

1. 去中心化

传统智能系统，是一种中心化系统。中心化系统有一个特点，即中心点管理分布点。区块链则不同，它是分布式数据存储的，所有的点没有高低贵贱之分，一律平等。传统中心化系统存在一个致命缺陷，即如果中心点遭到攻击，整个系统就会停摆；去中心化的区块链则不会因为一个点遭到攻击而停止运行。

2. 去信任

传统商业交易，需要彼此间的信任，如果没有信任，也就无法达成交易。区块链交易与传统交易不同，系统节点内的交易不具备彼此信任也可以顺利达成，因为区块链交易过程是公开透明的。

3. 信息不可更改

区块链中的分布点，每一个点都会拷贝一份数据库。只有发起51%攻击，才能对区块链中的数据进行篡改。但是我们还要思考一个问题，发起51%攻击需要付出多少代价呢？从某个角度来讲，区块链中的信息是不可更改的。参与区块链系统中的节点越多，被篡改的概率也就越低。

4. 开源

区块链是一个开放的技术，任何人、任何组织都可以拿来使用。这个系统内的信息高度透明，借助区块链技术还可以开发出许多应用。

5. 匿名

区块链技术是去信任的，因此它不需要交易双方公开身份，只需要区块链程序进行核实。区块链交易中的双方都是匿名的，可以对交易双方的隐私进行保护。

如今，数字货币与区块链技术都有了长足发展。在互联网时代，区块链技术将会对商业模式的发展产生影响。

区块链：比互联网技术更有趣

有人认为：区块链虽然很时髦，但是实际用途并不大。还有人认为：区块链技术是21世纪的核心技术，发展潜力巨大。

首先，区块链的应用是非常广泛的，比如对数字金融、数字资产交易、物联网、供应链、社会公共管理、能源管理、制造业、学术界、网络安全等领域，均有积极的推动作用。

其次，区块链的私有链模式可以帮助企业、组织改造现有的互联网管理平台。

2017 年夏天，IBM 公司与哥伦比亚的一家物流解决方案提供商 AOS 公司进行合作，提出了一套“区块链 + 物联网”的解决方案。这套方案，将物联网传感器镶嵌在物流货运车辆上，借助互联网和区块链技术，对物流运输进行智能管理。AOS 公司的创新总监解释道：“货车将会使用条形码进行密封，条形码信息会被放入区块链中并作为一种衡量负载是否改变的安全性指标。此外，我们正在考虑登记每一辆车的 GPS（全球定位系统）信号来记录路线和增加可追溯数据。”借助这套解决方案，IBM 公司与 AOS 公司可以在哥伦比亚获得数亿美元的利润回报。

也有许多传统的商业银行开始尝试使用区块链技术升级现有架构，建立一种区块链私有链，以此改善商业银行相关业务，提高工作效率，打造智慧银行。而在应用层面上，区块链的技术特点可以帮助商业银行实现智能合约交易，降低交易风险，提升商业银行的信用度。

最后，区块链不仅是一种技术，也代表一种新的互联网思维，它与传统互联网思维有较大差异，有以下特点。

1. 钱包有密码

区块链钱包其实就是一个“私钥”，只有“私钥”才能打开钱包，而且世界上没有相同的“私钥”。如果你忘记了“私钥”，恐怕再也无法打开区块链钱包。这一点告诉我们，世上没有后悔药，只能将“私钥”深深地记在脑海里。

2. 一切需要加密

曾几何时，许多“信息罪犯”因盗窃其他组织的机密而发了家。机密为何被盗？原因有两个：管理不严、没有对机密文件进行加密。区块链技术是一种加密数字技术，任何数据文件都需要客户拿着密码才能打开，其他人谁都无法打开。如果我们有了加密意识，对关键的、核心的文件进行加密，就能防止信息泄露造成损失。

3.“共识”思维

区块链技术是去中心化的。从某个角度讲，区块链不相信权威，只相信各个节点遵循的共识机制。互联网时代，是一个开放、自由、民主、共享、去权威的时代，“共识”思维恰恰符合这一时代的特点。

另外，新的互联网思维还包括“知错能改”等思维。区块链技术是一种互联网技术，但是它比互联网技术更加有趣。

区块链让合约智能化

小孩子常常玩一种“拉钩上吊一百年不许变”的游戏。“拉钩上吊”就是一种承诺，一种约定。可以说，人们从小就懂得一诺千金的道理。

> 秦朝末年有一个叫季布的人，为人耿直，非常讲义气。他只要许下承诺，便会冲破一切阻碍，兑现承诺。楚汉相争时，季布成为楚霸王项羽的手下，他战功赫赫，让刘邦恨得咬牙切齿。后来，汉高祖刘邦建国，依旧难以消除往日怒火，便下令通缉季布。但是有个曾经受过季布恩惠的人，为了报答季布，便将季布藏于自己家中。这个人还找到夏侯婴，希望夏侯婴为季布说情，让刘邦饶季布一命。后来夏侯婴终于说服刘邦，撤销了通缉令。最后，汉高祖刘邦不但不计前嫌，而且封季布为郎中。

在现代社会，商业领域中的承诺就是合约，它是一种价值交换承诺。合约有两种，一种是口头合约，另一种是书面合约。商业领域中的合约，以书面合约为主。常见的合约形式，就是我们所说的合同。合同包含三部分，即要约、承诺、价值交换。一份平等、自愿、合法的商业合同，是受法律保护的。如果一方违约，将会受到相关处罚。但是与这种纸面合同相比，区块链技术下实现的智能合约更加先进、更具趣味性。

智能合约的提出者叫尼克·萨博，他于20世纪90年代在自己的网站上这样写道："一个智能合约是一套以数字形式定义的承诺，包括合约参与方可以在上面执行这些承诺的协议。"这个定义虽然很简练，却提到三个元素：数字形式、承诺、协议。数字形式，说明智能合约是由一串字符组成的，它与传统的文字合约完全不同；承诺，则是一种权利与义务，这种权利与义务具备法律效力；协议，就是一种要约方式。所以说，智能合约同样也是一种具备法律效力的合约，只不过这种合约更加智能而已。

智能合约有四个效应，即法律效应、监管效应、强制效应、去中心化效应。法律效应，就是告诉大家，智能合约与普通合约一样，要符合法律规定，不合法的智能合约同样不受法律保护；监管效应，就是区块链技术可以对邀约双方进行身份确定，从而起到监管作用；强制效应，就是智能合约一旦启动，便不再需要发起者进行控制、影响；去中心化效应，就是智能合约是分布式的，并不依赖于某个中心处理器。因此，智能合约有非常广阔的应用前景。国外有一家汽车保险公司借助智能合约改善汽车保险服务。该汽车保险公司的技术工程师认为，智能合约在记录相关交通法规、保险政策、驾驶记录、驾驶员报告等方面有巨大优势，它能够快速提供理赔方案，提高服务效率和服务质量。还有一些国际贸易公司借助智能合约简化国际贸易过程中的金融资产转移流程，大大降低了交易成本。

智能合约的应用范围非常广泛，比如银行、证券、物流、健康、行政、财政、抵押等。尼克·萨博于1997年谈及智能合约理念时表示，多种类型的合同条款，如抵押、债券、产权界定等，都可以嵌入到智能合约执行条款的硬件和软件中，通过这样的方式使那些不遵守协议者的违约成本升高。由此可见，智能合约是互联网时代的合约类型。

区块链降低交易成本

互联网时代，互联网技术为商业发展带来了质的飞跃。平安银行原行长邵平认为，互联网金融的蓬勃发展，促进了金融行业转变理念、创新模式、变革服务、拓宽渠道，从而使传统金融业更快地跨入了新常态。在新常态下，金融服务更加多样化、细分化、特色化和人性化，客户体验也更有尊重感、愉悦感、舒适感和满意度。互联网不仅对金融行业产生了影响，也颠覆了其他行业。另外，互联网还有一个作用：降低交易成本。

有一位资深“海归”创办了一个线上护肤品交易平台。这个平台拥有全球一百多个品牌的护肤品，且价格较实体专柜低10%。由于该平台所有产品均为海外代购真品，销售量也非常可观。但有人表示：低价策略可能导致以次充好，许多线上护肤品店都是以次充好、以假充真。为了消除消费者的误解，这位资深“海归”还原了从代购到清关，再到上线等的全过程。在这个过程中，有人参与的环节很多，主要借助互联网技术通道。加之线上经营节省了一大笔门店、柜台租金，自然就把总体成本控制下来。用这位资深“海归”的话来讲，就是“即使便宜10%，我依旧有利可图”。

一位资深的区块链技术开发者认为，最廉价的交易系统是区块链系统。区块链不仅是一种技术、一套系统、一个平台，还是一种交易制度。有人会问：“区块链不是去权威、去中心化的吗？它如何才能成为一种制度？”事实上，区块链去中心化、分布式交易模式本身就是一种安全系数高、加密性高、不受外界干扰的交易模式，这种模式本身就能够定义一种制度。那么区块链技术是如何降低交易成本的呢？

1. 降低时空转移成本

我们知道，传统交易的时空距离是有限的。一个人去银行转账汇款，需要在法定工作日内进行办理；利用传统互联网进行交易，虽然不存在时差，但是要经过第三方进行核实，是一种“点对中介对点”的交易模式。这种交易，不仅需要传统契约的约定，而且受时间、空间、技术等方面的影响。区块链交易是一种点对点交易，这种交易不受空间、时间、中介影响。因此，区块链交易可以大大降低时空转移成本。

2. 降低信息记录成本

商业交易的主要成本是各种数据、信息记录处理成本。例如，在离婚诉讼中，离婚律师为了给委托人争取财产，要动用一切资源和策略帮助自己的委托人寻找各种各样的证据。寻找证据，就会产生一定的费用。另外，不管胜诉还是败诉，委托人都要支付给离婚律师一笔高昂的费用。但是区块链技术就简单多了，区块链智能合约在开启“漫长婚姻旅程”的那一刻起，就已经将各种证据、固定财产、流动资产明细等记录在案，不仅能够为委托人节省求证费用，还为委托人节省了雇律师为自己打官司的费用。

3. 降低人工管理成本

传统的商业交易模式，是一种中心化的交易模式。位于管理中心的不是机器，而是人。也就是说，所有的交易都要经由人，并产生人力费用。区块链技术是去中心化的，甚至是完全智能的。只要发起交易，全程不需要人力环节进行管理和控制。交易量越大，节省的人工管理成本也就越多。

要在缺少传统基础设施的地方建立基础设施，或者建立传统的基础设施价格太高昂时，可以用区块链很快地建立基础设施，因为区块链只需要网络和手机就可以建立。如果能够将区块链技术应用到基于互联网生态的交易系统中，或许可以大大降低交易成本。

⬡ 未来经济去中心化

哲学家柏拉图曾经提到一个“理想国”的概念。在中国，陶渊明的《桃花源记》则描述了一个社会场景：悠然、平和、与世隔绝，没有统治和压迫，更没有战争。《桃花源记》中的桃花源便是中国人对“理想国”的描述。再后来，托马斯·莫尔的经典著作《乌托邦》向人描述了一个公平、正义、没有集权、民主、博爱、智慧、无比富裕的国度。虽然乌托邦离我们还非常遥远，甚至是不可能实现的目标，但是互联网时代，至少可以让人们感受到公平、正义、去中心化。

凯文·凯利认为，未来趋势是去中心化。为何这样讲呢？他通过九大规律描述未来世界的样子。

1. 分布式结构

这种结构是由分布在互联网中的多个节点组成的，每一个节点都有各自的“生命力”。如果我们把互联网比喻成皮肤组织，节点就是皮肤组织上的细胞。但是与整齐排列的皮肤组织不同，互联网中的所有节点呈现出不规律的连接。凯文·凯利认为，去中心化后才能带来完整意义上的分布式架构体系。

2. 自下到上的控制

中心化系统就是一个“中央发令站”，只要“中央发令站”发出指令，就需要按照自上而下的方式去管理。如今，绝大多数的组织都是采取这种自上而下的控制方式。区块链技术则不同，所有节点的功能都是一样的，地位是平等的，也就没有“中央发令站”。

3. 递增效应

自然环境中，万物都符合自然进化规律。如果万物适应了大自然，就会按照大自然的进化方向去进化。在经济学范畴中，这种进化就是一种递增。推动生命进化的动力并不是权力，而是一种规律。去中心化的经济时代，只遵循经济规律，而不需要调控杠杆。

4. 模块生长

万事万物大都由一个小小的单细胞逐渐成长起来，这种模块生长有点像克隆技术。事实上，区块链中的每一个区块等同于一个单细胞，每一个区块会像细胞那样不断分裂、繁殖，成为一个具有独立功能的器官。但是这些器官不依赖于某一个指挥系统，而是平等分布在巨大的区块链生态网络里。

5. 无边界

人们常常问一个问题："宇宙的中心在哪里?"即使借助先进的天文望远镜，我们也没有找到宇宙的中心。这是为什么呢?答案很简单，宇宙是无穷的，没有边界的。没有边界，自然也就没有中心。互联网与区块链生态也是没有边界的，因此也就没有中心。

6. 拥抱错误

区块链交易一旦进行提交，就会形成永久性日志，永远无法删改。也就是说，只要犯下错误，这个错误将会陪伴终生。中心化系统，是可以随时更改、删除错误的。区块链则会告诉我们：世界上没有后悔药，学会拥抱错误比删除错误更有意义。

7. 多项目运行

区块链就像一个超级生态系统，这个系统能够同时处理多项工作，比如植物的光合作用、动物的繁殖活动、微生物的分解活动等。只有同时处理好多项工作，超级生态系统才能不受破坏。如今，有些政府部门引入区块链技术，就是为了帮助人们同时处理繁杂的事务，而不需要再借助"中央指令"，继而替政府分担工作。

8. 数据分布不均衡

区块链中的节点，如同分散在世界各个角落的家庭。有的家庭富裕，住别墅豪宅；有些家庭条件一般，住普通的砖瓦房屋。按照传统做法，要施法治理，缩小贫富差距；按照现代做法，更需要顺其自然，给其良好的生态环境，令其自由发展。

9. 触动改革

中心化，是借助"权力"支配资源的一种方式。如果"权力"过大，就会对经济产生伤害；如果"权力"过小，就起不到调控管理的作用。

第十三章

互联网时代的共享经济

⬡ 互联网时代的共享模式

古时候有一个人叫王五，他的手非常巧，用木头加工了许多工具。由于工具加工得越来越多，有人建议他摆摊售卖。于是王五推着木头工具来到集市上售卖。起初，王五的生意还是不错的，他也从中赚了不少钱。后来，王五扩大了生产规模，便有大量工具库存下来。但是这些工具造价成本比较高，低价出售就会折本。有朋友劝王五："王五啊，你还是收手吧。折价你又不卖，高价他们也不买。"王五听劝，只好把作坊暂停了。

王五虽然停止了生产，但是前来询问的街坊邻居还是络绎不绝。尤其到了农忙季节，王五生产的工具就会派上用场。此时王五的一位邻居对王五说："虽然我买不起你的工具，但如果你租给我，我可以支付一部分租金。"王五是个爱面子的人，既然邻居提出了这个想法，王五便说："你拿去用吧，不用给我钱。只要不用坏就行。"邻居非常高兴，便拿着王五的工具去干活了。王五的邻居是个热心肠，在外面一直夸王五是个好人，王五的名气也越来越大。后来，向王五借工具的村民越来越多，王五也非常大方。此时朋友建议："王五啊，你的工具也是有成本的啊，你倒不如收一点租金，这样也不过分。"王五接受了建议，村民租用工具按天收费。因为收费比较低，绝大多数村民都能够接受。

王五的这种经营方式，有点类似共享经济模式，虽然它只是一种简单的租赁模式，但是在古代这是非常超前的。共享经济的概念是美国的两位社会学教授马科斯·费尔逊和琼·斯潘思提出来的，共享经济模式是一种基于陌生人存在物品暂时转移而产生报酬的经济模式。这种经济模式的主要特色是共享、平等、获利。

当下火爆的共享经济代表是共享单车，国内许多城市都有共享单车。共享单车的出现，不仅方便了市民的出行，公司也能从租赁中获取不错的市场回报。有人把共享单车看成一种绿色出行生意，还有人把共享单车看成一种分时租赁生意。不管怎样，共享单车是低碳环保的，符合绿色环保的经济发展理念。ofo 小黄车是非常有名的共享单车品牌，该品牌最大的特点是“无桩单车共享”。市民想要使用 ofo 小黄车，只需要扫描二维码就可以进行解锁、出行。如今 ofo 小黄车的生意越做越大，小黄车总数量超过 1000 万辆，有超过 20 个国家、200 多个城市正在使用 ofo 小黄车。ofo 小黄车创始人戴威表示，ofo 小黄车希望用“科学增量 + 盘活存量”的方式，调动城市闲置单车资源，推动绿色环保低碳出行，改善城市拥堵状况，让城市更美好。共享单车的火爆印证了一个说法：共享经济的前景是广阔的。

如今，国家也在推动共享经济战略。国务院总理李克强在第九届夏季达沃斯论坛上发表讲话时表示，“双创”是发展分享经济的重要推手，目前全球分享经济呈快速发展态势，是拉动经济增长的新路子，创业创新通过分享、协作方式来搞，门槛更低、成本更小、速度更快，这有利于拓展我国分享经济的新领域，让更多的人参与进来。在国家的推动下，国内互联网共享经济企业如雨后春笋般发展起来。滴滴打车是著名的打车软件，同样也是互联网共享经济的案例。这家公司借助互联网共享技术改变了互联网用户的打车习惯，改变了人们的出行习惯。有人说：“出门滴滴一下就可以了，何必站在街边等出租呢?”滴滴打车 CEO 程维认为，未来的交通发展趋势是共享、新能源、智能化，是通过大数据和智慧交通的人工智能技术去学习人们出行的规律。他预测十年后，将有超过 50% 的汽车是为共享而设计的。

互联网时代是共享经济的时代，互联网共享主题也是新时代的主题内容之一。如今，共享经济已经渗透到许多领域，它对优化闲置资源使用权、提升消费体验有巨大的推动作用。

共享经济的四大特点

如今，共享经济已经全方位渗透到人们的生活中。衣食住行，方方面面都有共享经济的影子。共享经济能够将大量社会闲置资源利用起来，重新匹配人们的需求，从而建立一种新型商业关系。共享经济有两个理念：使用而不占有、不使用即浪费。

优步公司是世界著名互联网公司，这家公司为客户提供安全、可靠、便利的出行服务，并能让合作车主充分利用自己的车辆，在闲暇时间创造财富。如今，大量车辆闲置令人非常惋惜。这些闲置车辆不仅占据大量停车位，而且每天都在产生费用。没有优步之前，人们通常只能将家用轿车停放在自家楼下的停车场上。甚至有人说："我的私家车 6 年才开了 3 万千米，几乎像新的一样。如果当二手车卖掉，只能卖到原价的 40%。"如果按照年损分析，这辆车每行驶 5000 千米市值损耗 10%。

优步出现之后，这些闲置的家用轿车就有了用武之地。一位优步车主表示，每天上下班，或者闲暇时间，家用轿车可以为自己带来 2000 元的月收入。这项收入虽然不多，但是比闲置折价划算多了。选择优步的用户表示，优步打车方便，一键完成。如果有优惠券，优步比出租汽车公司的出租车便宜多了。

如今，共享出租车领域有优步、滴滴打车、神州专车等公司；共享住宿领域有途家、蚂蚁短租等公司，共享办公领域有优客工场、氪空间等公司……共享经济在教育、医疗、美食、租赁、金融、资源、物品、资金等领域全面开花。那么共享经济有哪些特点呢？

1. 分享剩余

有一位菜农，他种的蔬菜清甜可口。但是这位菜农种的菜大量成熟后，他根本吃不了。另一位农民则养了许多鸡。于是一种交换产生了。菜农用16磅（1磅=0.4536千克）番茄换另一位农民的一只鸡。很快，这样的交换达成了。菜农得到了鸡，另一位农民得到了菜。事实上，只有剩余和闲置才能分享。共享经济，就是让人们把手里的剩余拿出来进行分享。这种模式，既能充分利用闲置，还能让闲置资源创造价值。

2. 分享渠道零成本

如果让你拿出自己的闲置资源，还要让你交上一部分税金，想必没有人会分享自己的闲置物品，宁可让它烂在自己的手里。但是共享经济模式有一个特点，就是借助互联网技术实现分享渠道零成本。不产生交易成本，让分享变成一件没有负担、快乐的事情，想必人人都会爱分享。比如，一个人拿出自己的闲置充电宝进行分享，既能够帮助需要充电的人，也能够从中获取收益。

3. 平等与自愿

分享本就是一种自愿的行为，选择共享经济的客户也是自主选择的。比如，某人注册成为优步的司机，闲暇之余就会利用私家车赚点外快。签约优步是他自愿的，利用闲暇时间赚外快，也是自愿的。也就是说，从一开始注册到出行，没有人会强迫他。对于选择优步的用户而言，也是一样的。分享者与被分享者是一种自愿、平等的交换关系，这种关系也是一种共赢关系。

4. 关系简单

有人把共享看成一种简单快乐主义，也就是说来也简单、去也简单，总之没有任何负担。比如共享单车的提供者，只是将单车摆放在某些位置。需要共享单车服务的人加入平台选择分享，完成骑乘目的，将车辆放回共享单车的位置上，结束共享关系。从开始到结束，都是一种简单的"分享—利用"关系。因此越来越多的人参与共享经济，成为共享商业圈内的成员。

共享，其实是一种合作。共享是以物易物，是一种资源再利用。共享，是一种去中心化的点对点交易，这种交易形式恰恰符合互联网时代的特点。

共享经济的核心：软件开源

共享经济最有价值的地方就是分享。人们常说，赠人玫瑰，手有余香。选择与人分享，是一种良好品德与高情商的表现。唐代诗人白居易说："乐人之乐，人亦乐其乐；忧人之忧，人亦忧其忧。"与人分享，还是一种做人的境界。共享经济，不仅是一种时代产物，还是经济发展到一定阶段的产物。英国著名学者雷切尔·布茨曼表示，事实上，社交网络和实时技术正让人们回到原始的协作生活中，人们进行物物交换，或者把自己拥有的东西进行分享，这些都成为新鲜的充满活力而吸引人的方式。

互联网时代，似乎加速了共享经济的发展。快速传输的信息，点对点式的交易平台，第三方提供的安全中介，互联网技术的突破与开源等，种种迹象表明，共享经济得到了快速发展。因此英国著名学者雷切尔·布茨曼认为，共享经济最初源自软件以及互联网技术的开源，然后才是人的分享、内容的分享。如果没有软件开源，也就不会有各种各样的共享平台。

脸书创始人扎克伯格有一张他刚刚学会走路时的照片，这张照片是他的父母用传统照相机拍摄的，既温馨又饱含亲情。几年后，扎克伯格的父母再次用传统照相机拍摄了一张其表弟学习走路的照片。长大后扎克伯格也希望用更好的照相机和更加先进的成像技术为自己的孩子拍照。

后来，扎克伯格有了自己的家庭，之后有了自己的宝贝女儿。为了记录女儿的精彩瞬间，他决定用有 17 个镜头的 3D 照相机为其拍照留念。2016 年的一天，扎克伯格宣布了一款名为"Facebook Surround 360"的全景摄像机新产品。扎克伯格用 Facebook Surround 360 为女儿记录了珍贵瞬间。

重视共享的扎克伯格也决定将 Facebook Surround 360 的技术进行共享，让全天下做父母的人都可以使用这项技术或这种产品留住珍贵的温情画面和精彩瞬间。

开源就是一种共享，开源技术是搭建共享经济平台的基础条件。开源技术，让许多企业、组织成为受益者。联想集团高级副总裁贺志强表示，软件开源才是全世界最伟大的共享经济，现在的BAT（百度、阿里巴巴、腾讯）都是开源最大的受益者，但是现在没有人讲开源，开源已经融化在所有公司、所有程序员当中。

共享经济之父杰里米·里夫金认为，共享经济需要借助三种基础技术，即通信、新能源、交通。对通信技术进行开源，是提升网络覆盖率、提高信息传输速度、构架信息化平台的基础所在；对新能源技术进行开源，可以打破煤炭、石油传统能源格局，对经济社会的发展有着长期、稳定的推动作用；对交通技术进行开源，则可以让共享经济得到更加有序的发展。伴随共享经济发展的高科技技术有许多，比如数字技术、互联网技术、软件技术、物联网和大数据运用等。因此，如果没有开源的技术，也就没有共享经济。

共享经济是技术创新下的经济模式，有技术支撑，才能有共享经济的未来。如今，我们看到越来越多的高科技公司愿意共享自己的技术成果。占有，只能造成资源上的浪费；共享，才能体现资源价值。完善共享经济的技术配套设施，才能给共享经济提供快速生长的温床。

共享经济："社群+互联网资源"

有一位非常喜欢野外探险的年轻人，常常报名参加各种野外探险活动，因此也结识了许多朋友。最初，他的野外探险装备并不专业，所有装备都是通过一位资深"驴友"的介绍购买的。后来他发现，许多探险爱好者都通过这位资深"驴友"购买装备，这位资深"驴友"也能从中获利。

这位年轻人还有一个爱好，就是喜欢登录各种户外论坛与网友进行交流。有些论坛有“二手户外用品出售版块”，许多二手用品不仅质量好，而且价格非常便宜，有的户外用品有九成新。他曾花320元买了一顶只使用过一次的品牌帐篷，这顶帐篷原价为1299元。于是他萌生了一个想法，开一家二手户外用品店或者户外用品租赁店。

一年后，年轻人的户外用品租赁店开业了。年轻人的许多朋友光临他的小店，从他这里租赁户外装备，比如登山杖、登山工具、雪橇、护目镜等。这些装备价格高、使用率低，如果租赁装备，可以大大降低闲置率，为广大户外爱好者节省一笔钱。与此同时，年轻人还经营着几个户外交流群，群成员经常组织活动，一有活动，群成员就会找年轻人租赁装备。久而久之，年轻人的租赁生意越做越好，甚至发展成互联网户外用品租赁平台。年轻人一边经营自己的社群，一边打理着自己的生意，真是把共享社群玩到了极致。

互联网时代，这样的成功故事还有很多。某人上下班开车，在上下班途中，与其独自一人，不如做个顺水人情，捎同事一程。这种共享，就会带来利益。当然，这种利益未必是直接的金钱利益，有可能是关系利益、情感利益。捎同事的例子，有这样几个卖点：闲置、共享、获利、增进友谊。这几个卖点恰恰符合共享经济特点。闲置——家庭汽车本身就是一种闲置资源，它既不能保值，而且每天都会产生损耗。共享——只有共享，才能让家庭汽车的利用率得到提升，使用价值得到提高。获利——共享就会产生利益，比如金钱利益、情感利益、关系利益。增进友谊——通过共享结交朋友也是非常好的途径。

有人问：“共享经济确实不错，如何才能做好共享经济呢？”从字面上理解，共享经济最大的特点是共享，共享经济的基础也是共享。因此，核心问题出现了：共享的渠道和资源在哪里？

1. 共享的渠道

共享一个闲置资源至少需要另一个人或者一个朋友。就像一个人讲故事，至少需要一个听众。如果把自己关在“深宅大院”，“大门不出，二门不迈”，就会失去共享的机会。在欧洲，常常会有人组织分享会，大家围坐在一起，彼此分享生活感悟。还有一些沙龙组织，也会定期举办这样的活动。我们可以用圈子来形容它。俗话说，什么样的人进什么样的圈子。圈子，其实就是一个社群。

社群就是一个共享的渠道。在社群里，人们可以彼此分享，共享闲置资源，将闲置资源变成一种社群福利或者社群商品。社群为共享经济提供了一个共享平台，社群越大，共享经济圈也就越大。

2. 共享的资源

共享的渠道我们有了，共享的资源要如何寻找呢？有一位宝妈，为了增加自己的育儿经验，上网寻找各种宝妈社区，然后在社区里面进行交流。另外，这位宝妈还通过 QQ 搜索功能找到并加入许多宝妈群，认识了许多宝妈，并与许多宝妈建立了友谊。简而言之，互联网就是共享资源的集散地，借助互联网就能找到大量共享资源。

互联网平台提供了链接，这种链接就是闲置资源提供者与用户的链接。通过互联网，人们成为朋友，彼此共享资源，把资源当成一种连接情感的纽带。有了信任关系，才能产生共享经济效应。

俗话说，心急吃不了热豆腐。许多人想要从共享经济中快速获利，结果反倒砸了自己的招牌。共享经济，是一种“慢”经济，一种“情感体验”经济。只有做到互惠互助互利，社群才会慢慢产生共享经济效应，推动共享经济的发展。

互联网时代十大共享经济模式

如今，共享经济已经渗透到各个领域，许多领域都有共享经济的影子。有人说：“共享经济 = 闲置资源 + 人人共享 + 技术平台。”互联网时代，是一个产能过剩的时代，闲置资源非常多，让闲置资源“变废为宝”是一个永恒的话题；共享经济，一定需要有人参与共享，参与的人越多，共享经济产生的效应也就越大；共享经济依托互联网技术平台，没有平台也就没有共享经济。共享经济改变了传统商业模式，它的出现让每个人都成为共享经济的参与者。

“共享经济圈”流行一句话，“没有一个房间也可以开酒店，没有一辆车也可以开租车公司，没有一件商品也可以开商场”。换句话说，共享经济是一种非常有趣的经济形式，门槛低，只要参与共享就会收获利益。互联网时代，有以下十大共享经济模式。

1. 共享出行

共享出行，就是让拥有私家车的人们，分享自己的家庭用车，提高闲置车辆的利用率和闲置停车位的利用率。共享出行有四种方式：共享租车、共享单车、共享驾乘、共享停车位。

2. 共享空间

事实上，社会闲置空间也是非常多的，这些空间要么被无情浪费，要么被用来存放其他闲置用品。比如，某企业在某 CBD 办公区域营造了“太空舱”式的共享休息空间，人们只要拿出手机扫描二维码建立连接并付款，就可以享受空间睡眠。如今，这类提供共享空间的企业已越来越多。

3. 共享金融

最有代表性的共享金融项目就是众筹。众筹模式的出现，让人人都可以实现梦想，人人都可以成为某个项目的股东。

4. 共享美食

例如，某星级酒店大厨有一个美食朋友圈，闲暇之余他会上门给某些饕客做私房菜，不仅能与老饕们分享美食，还能赚取一部分服务费。在国内许多一线城市，许多酒店、餐饮公司提供家庭私厨服务，这种方式不仅能够提升客户黏性，还能树立餐饮品牌。

5. 共享健康

有人把健康领域看成 21 世纪最重要的发展领域，如果一个人能够快速预约“一对一”会诊，不仅能为自己节省预约排队的时间，还能大大提升自己的体验，商家也能获得良好的经济效益。

6. 共享公共资源

互联网时代有一个名词：蹭热点。蹭热点就是先找到热点，然后再蹭热点。

有一些公司提供蹭热点服务，在公共区域内提供共享热点，比如免费 Wi-Fi、共享光伏、共享数据等。企业让利给用户，也能产生经济效益。

7. 共享教育

一个极值得共享的领域，是知识领域。俗话说，人无完人。如果每个人能够分享自己的知识与经验，就会打破知识壁垒，让每个人得到成长。共享教育，就是这样一种形式。企业将知识与经验从线下转移到线上，并建立起一种“教育模式”，提供知识共享服务。

8. 共享物品

共享物品最早源自各种物品的租赁行业，比如租书、租影碟、租戏服等。互联网时代，这种租赁空间更加广阔。人们可以建立一种线上与线下互动的共享物品模式，或者线上跳蚤市场。

9. 共享服务

许多年前，那些提供家庭服务的人就已经熟谙共享服务的各种规则。例如，某科技公司有一个“共享服务网站”，网站上有服务内容，只要有人选择求助，该公司就提供上门服务。当然，服务是收费的，但是共享服务的收费比专业服务的收费低。

10. 共享创新

如今，国家提倡“大众创业、万众创新”，人人都可以参与创新，人人都是创新的受益者。在这样的环境下，有一些大学分享自己的实验室和科研成果。通过这种方式，大学将优秀科研成果转化成了社会经济效益。

在共享经济中，我的就是你的，你的就是我的。随着人们共享意识的提升，共享经济会快速发展。未来 20 年，共享经济也将成为重要的社会经济模式。

第十四章

互联网时代的证券

◯ “互联网金融 + 证券”模式

互联网时代对所有的传统行业都具有极大的冲击作用。互联网改变了传统商业，把传统门店搬到了线上，把传统银行改造成了“线上—线下”互动服务平台。互联网对传统金融的影响也是巨大的，正如一位商业银行行长所言：“新常态下，如果不懂得用互联网技术升级金融产业，就会被时代所淘汰。”

随着互联网金融和互联网证券的发展，人们对金融、证券投资的要求也在提高。在传统金融、证券产品收益率下降的情况下，投资者开始寻求新的投资模式和财产分配模式。有一位从事传统证券投资十余年的证券投资者，鉴于近年来证券收益率呈下降趋势，他便调整思路，选择了一个互联网证券交易平台。这位投资者认为，如果天天去交易所，消耗的时间与精力也等同于一部分开支。互联网交易平台，交易更加快速，交易技术更加成熟。

（一）互联网对传统证券业的影响及传统证券业的变化

1. 证券市场模式的变化

证券市场是一个不断变化的市场。其模式变化有两个方面：其一，交易结算方式的变化；其二，产品种类的变化。很显然，互联网证券模式可以加快交易结算，同时创新研发出更多种类的证券产品。

2. 证券市场业务的变化

传统的证券交易是在某个证券交易大厅内进行的。在许多人看来，装修豪华的证券交易所是财富的象征。互联网时代，这种财富象征作用开始衰减。人们从线下转移到线上交易后，传统的摊位经营策略也就不再奏效了。互联网时代的证券公司，是以服务业务为主的，比如为个人客户提供证券咨询服务，代理客户的证券投资业务；为企业客户提供投资并购或者推荐企业上市等服务。

3. 证券市场营销的变化

传统的证券公司的业务员，也采取“跑客户”的方式营销。这种方式在以前还是非常奏效的。如今，互联网平台越来越多，人们可选择的渠道和平台也越来越多。因此，证券公司在营销方式上有了转变，由“跑市场”转型为“互联网精准营销”。“互联网精准营销”的特点是可以为客户提供有针对性的一对一服务，并针对客户要求设计个性化证券产品组合。

（二）“互联网金融 + 证券”模式的特点

1. 资源整合与共享

传统的券商都是零星分布在各个市场，各个城市，处于一种各自为政的状态。互联网时代的证券业，逐渐走向集团化、综合化、交易规模化的“大一统”整合与共享资源模式。这种模式，不仅可以降低交易成本，而且可以提高监管能力、降低经营风险。

2. 服务质量提升

传统的券商，为了争夺有限的市场资源，不惜打价格战。所谓价格战，就是降低服务佣金价格。俗话说，羊毛出在羊身上。降低佣金价格，也是以牺牲部分服务质量为代价的。互联网时代，券商的竞争策略发生了变化。券商借助综合服务质量来提升自己的竞争力，券商的业务内容有所变化，由代理人业务逐渐向综合性资产管理业务转变。

3. 交易移动化、多元化

互联网时代的证券交易，完全可以借助移动互联网端来进行，比如手机、电脑等。另外，互联网时代的证券交易速度更快。例如，采用 DirecPC 卫星接入技术可以为证券交易提供几乎零时延、零接入、零故障的保障服务；采用

WAP（无线应用协议）技术还可以实现交易终端的信息交流和服务共享。

随着互联网技术的发展和完善，“互联网金融＋证券”模式在快速发展，互联网用户数量也在急剧增加，这也促使证券行业集中向线上转移。

◯“互联网金融＋基金”模式

截至2017年，中国网民人数已经超过7.5亿人，这个数量超过全国人口总量的50%。也就是说，我国已经全面进入了互联网社会。互联网社会背景下，互联网技术起到决定作用。不管是人的习惯、生活方式，还是商业架构、经济模式都发生了变化。互联网对证券的影响是巨大的，对基金的影响也是颠覆式的。

传统基金与传统证券的遭遇有相似之处。传统基金，是一种与政府挂钩的基金，它并不能完全体现市场规律，更像是一种隐形的金融市场调控工具。换句话说，传统基金并不是完全为客户服务的，而且它品种单一、投资周期较长，制约现代基金行业的发展。目前，我国的基金模式是以公募基金为主，以社保基金、专户理财基金、企业年金为辅的基金模式。我国基金总额虽然大，但是基金占GDP（国内生产总值）比例，与欧美发达国家相比，有较大差距。

互联网时代来临之后，我们不得不提及一个著名案例：余额宝。余额宝，是支付宝与天弘基金的合作产物，也是互联网公司与传统基金的首次合作。天弘基金，原本只是一只名不见经传的基金，插上互联网的翅膀，实现了“连升三级”的奇迹，进入了基金“名人堂”。

如今，许多人都在玩余额宝。比如，年轻人上淘宝买东西，就会在支付宝中预留一部分购物款。在没有余额宝的日子里，支付宝中的购物款是不会有任何升值变化的；有了余额宝，许多人都会把支付宝中的购物款存到余额宝里赚一点利息。余额宝，就是一种互联网基金；把钱存进余额宝，等同于购买基金产品。余额宝给用户带来的收益高于传统基金，也高于银行理财和银行存款。

余额宝的门槛有多低呢？哪怕你只有一分钱，也可以购买余额宝基金产品。而传统基金，购买门槛高，购买价值总额要高出余额宝许多。余额宝的回报有多高呢？短时间内能够吸纳超过一万亿元民间资本，足以说明余额宝在回报方面的优势。

另外，余额宝有网络平台的优势。余额宝的背后是阿里巴巴，阿里巴巴旗下的淘宝是中国最大的电商平台。以购物狂欢节“双 11”为例，仅此一天就会产生超过 1000 亿元的销售额。如此大的销量，如此多的淘宝用户，也为余额宝带来了大量用户。因此，余额宝借助阿里巴巴网络平台优势，迅速得到成长。

如今，互联网基金平台逐步建立起来。陆金所、天天基金等纷纷借助第三方平台登陆互联网市场，给传统基金带来了巨大冲击。另外，互联网用户选择互联网基金也是一种常见现象。华夏基金经理人表示，以往提起华夏基金的用户，大家的印象就是一个 40 ~ 50 岁的中年人，但是入驻蚂蚁财富等平台之后，华夏基金目前的主力用户群年龄段是 22 ~ 30 岁。这个年龄段的群体，也就是“80 后”“90 后”群体，这个群体有一个明显的特征：互联网化。这个群体不仅是互联网主要使用者，还是互联网商业模式的主要设计者和参与者。某基金经理人则表示：目前公司 90% 以上的新增用户来自电商平台，但除了新增用户外，更重要的是服务模式的变化，从过去的被动到现在的主动，服务内容更加贴近需求，层次也更加丰富多元。

互联网的便利性、开放性、多样性，成为广大用户选择互联网基金的原因，还有一部分人抱着试试看的态度选择购买互联网基金。华夏基金经理人表示，从产品、交易导向到服务导向是基金行业的必然趋势。基金公司不仅需要拥有打造产品的能力，还需要具备互联网服务的能力。

◯ 互联网时代的 MOM 基金

互联网时代的基金类型与传统时代的基金类型是完全不同的，比如有一种名为“Manager of Managers”的基金，也就是 MOM 基金，这种基金也叫管理人的管理人基金。听上去非常拗口，却是一种互联网时代的新型基金管理模式。这种基金，并非由基金经理直接负责，而是基金经理授权给其他基金经理去进行管理、操作。

（一）MOM 基金的优点

MOM 基金是一种非常有特点的基金，有特点也代表其有优势。MOM 基金有三大优点。

1. 基金经理更加专业

在客户至上的时代，如果服务或者技术有失水准，就会给客户造成不同程度的损失。但是 MOM 基金经理都是经过“优中择优”挑选出来的精英。只有经验更丰富、运作能力更强的基金经理才能满足客户的需求，帮客户赚钱。

2. 投资更加多元化

传统的基金投资方式，是一名基金经理只负责一种基金。随着客户的要求越来越高，MOM 基金将会打造一个团队，这个团队由擅长不同领域的客户经理负责。在这个团队里，每个人的分工不同，但是能够帮助客户投资不同领域，就像撒网捕鱼一样。

3. 资产分配多元化

事实上，将所有资产集中在一只基金或一只股票上，风险是非常大的。MOM 基金的一大特点，就是将客户资产进行分散，降低投资风险。

（二）MOM 基金的缺点

任何事物都有优点和缺点，只不过 MOM 基金的缺点并不是惊人的。MOM 基金有三个缺点。

1. 门槛高

MOM 基金属于私募基金，因此这种基金一次性投入额度较大，通常起投额度为 100 万元。这么高的门槛，只适合中产阶级以上、闲余资金充足的客户进行投资。

2. 封闭期长

MOM 基金是一种封闭期很长的基金，这种基金封闭期为一年至一年半。在封闭期中，客户不能随便分配额度、改换其他基金或者股票。

3. 太过平稳

分散资产、降低投资风险的劣势就是收益率低、太过平稳。MOM 基金更适合持长线、心态平稳、有战略意识的客户进行购买。对于那些急脾气、对收益率要求高的客户而言，MOM 基金并不是最合适的那一个。

（三）如何挑选出好的 MOM 基金

MOM 基金起源于国外，在国外有比较成熟的市场。MOM 基金虽然非常平稳，但并不代表稳赚不赔。一方面，一名优秀的 MOM 基金经理的经验、眼光、运作能力是非常重要的；另一方面，能否选准一只好的 MOM 基金更加重要。那么如何才能挑选到一只优秀的 MOM 基金呢？

有一位老年客户找到基金经理，希望透过私募投资 MOM 基金得到财产上的增值。得知客户的总体要求后，基金经理也需要详细了解客户的性格、心理特点、期望值等，从而判断该客户是否适合购买 MOM 基金。这位基金经理认为，读懂客户的内心才能帮助他们设计 MOM 基金组合，然后再对相关组合的风险、收益率、潜在表现进行评估。组合设计完毕，基金经理还要与客户进行进一步交流，并达成最终协议。

调仓能力是极其考验基金经理本领的。如果基金经理有足够丰富的经验，并且对基金市场和MOM基金有着充分了解，就能够在封闭期对基金或基金组合进行跟踪观察并找出基金的波动规律。如果调仓到位了，就能满足客户需求，为客户实现增值目标。那位购买MOM基金的老年客户，也通过这种方式获得了不错的收益。

平安道远首席投资执行官张存相认为，并不是简单找出最好的投资经理直接组合在一起就是MOM基金团队，也不是找全明星的投资经理放在一起就是MOM基金团队。它背后需要大量资产的配置和组合管理的技术与特征，这样才能把这些优秀的核心能力合在一起，这就是MOM基金的产品组合或者投资组合。因此，MOM基金依旧需要借助群策之力和互联网技术能力进行辅助操作，才能让MOM基金经理做出精准投资。

◯ 互联网时代的FOF基金

互联网时代的基金类型是非常多的，如今还有一种名为“Fund of Funds”的基金非常流行。“Fund of Funds”基金也叫基金中的基金，简称FOF基金。这种基金最大的特点就是以投资基金为投资标的，而其他基金是以股票、证券等有价债券为投资标的。

（一）FOF基金的优点

FOF基金既然是基金中的基金，必然有其特色和优点。通常来讲，FOF基金的优点有三个。

1. 风险低

对于许多心态平和或者初次接触基金的人而言，选择低风险的基金是非常合适的。FOF 基金的本质就是购买多只低风险的基金组合。众所周知，基金本身就是风险很低的，如果分散购买多只基金，这种风险会更低，甚至接近于零。FOF 基金经理提供的服务，就是帮助客户选择“一揽子基金”。

2. 门槛低

公募的 FOF 基金门槛是相对比较低的，它不同于私募 MOM 基金需要 100 万元的启动资金。比如，许多券商发行的 FOF 基金产品，多数为 FOF 基金产品组合，这种产品组合的门槛设置在 10 万元。10 万元的门槛，使得国内大多数投资者都可以投资 FOF 基金。

3. 省心省力

FOF 基金经理为客户提供较为全面的服务性工作，即使客户不懂 FOF 基金产品也不必担心。第一，FOF 基金产品本身就是低风险的，低风险意味着省心；第二，FOF 基金经理的经验可以起到非常好的作用，资深基金经理的操作意味着客户可以省力。

（二）FOF 基金的缺点

就像 MOM 基金一样，FOF 基金也有自己的缺点和不足。通常来讲，FOF 基金的缺点有三个。

1. 封闭期长

这样的缺点与 MOM 基金相似，FOF 基金不同于普通开放式基金那样自由灵活，可以短线操作。FOF 基金的开放期通常为半年到一年。也就是说，这种基金只适合喜欢做中长线的基金爱好者购买。

2. 多重收费

FOF 基金是一种多基金投资模式，换句话说，就是同时投资“一揽子基金”。众所周知，投资基金是需要手续费的，投资多只基金，也就意味着需要重复缴纳多只基金的手续费。

3. 收益率低

FOF 基金与 MOM 基金的相似之处，就是低风险意味着低收益。那些想要博取高收益的投资者，并不适合投资封闭期长、收益平稳、收益不高的 FOF

基金。言外之意，FOF 基金是一种相对保守的基金投资模式，它更适合那些长期理财且没有时间关注基金市场的人。

（三）如何挑选出好的 FOF 基金

FOF 基金也是一种比较成熟的投资方式，它意味着低风险、收益稳定，但是这也不能说明 FOF 基金是零风险的。因此，FOF 基金经理帮助客户选出一只或者多只有上升潜力的优质基金就非常重要了。如何才能从众多基金中选出一匹或多匹黑马呢？

1. 团队经验

任何一个组织或者平台，都需要一个团队为其服务。有的人为你提供分析数据，有的人为你提供经验。因此，FOF 基金经理并不是一个人在战斗，而是一个团队在战斗。经验丰富、有投资资历的团队组合，更具备调仓能力。优秀的调仓能力，意味着 FOF 基金产品的直接收益率。

2. 调查研究

一只基金能够成为黑马，虽然有一定的偶然成分，但是也与它的既往表现成绩有关。一只低价垃圾股想要成为一匹黑马，显然是不太可能的。FOF 基金经理在选择一只基金时，需要对每一只基金进行分析，找到它的变化规律。另外，FOF 基金经理还要研究一些机制、政策性问题。因为机制、政策的调整，会对基金产生重大影响。只有这样，FOF 基金经理才能帮助客户挑选出黑马基金。

与 MOM 基金一样，FOF 基金也有非常好的市场前景。尤其对于想要试水基金市场的门外汉而言，FOF 基金是一种比较明智的选择。

⬡ 互联网时代的 TOT 基金

说起基金，不得不提及阳光私募基金。阳光私募基金就是借助信托发行的基金，阳光私募基金比普通私募基金更加规范、透明，风险也会更低。因此，越来越多的人选择阳光私募基金。与传统公募基金相比，阳光私募基金是一种开放式的私募基金。互联网时代，还有一种名字叫“Trust of Trusts”的阳光私募基金，这种基金是一种信托中的信托基金产品，也被称为TOT基金。

TOT基金是一种阳光私募计划证券投资信托中的基金产品，这种产品更加“阳光”，更加透明，与互联网有相似的特点。传统私募基金是“不阳光”的，封闭期操作存在很大的风险性和偶然性。因此，传统私募基金的风险要远高于阳光私募基金的风险。许多用户选择TOT基金的目的，也是降低风险，能够让自己拥有更多知情权和更大选择度。具体来讲，选择TOT基金的原因主要有四个。①通常来讲，信托公司是信誉好、规模大的公司，这类公司的安全度、信用度、平台资质要远远好于普通私募团队。②商业银行发行的TOT基金也会将资金保存在自家银行里。俗话说，钱在银行比钱在家里还要安全。③券商发行的TOT基金会在自己的平台上运行或者交易，有非常大的自主性。④评级较高的第三方单位发行的TOT基金也是非常优秀的。这种由母信托投资多个子信托TOT基金产品组合的方式，更容易被客户所接受。

当然，TOT基金的优缺点也非常明显。

（一）TOT基金的优点

1. 安全系数高

TOT基金是大型信托公司、大型商业银行、著名证券公司发行的，这类公司安全系数比较高。

2. 风险较低

TOT基金平台为客户提供委托服务，并帮助客户优选合适的TOT基金产品，尽可能地降低投资风险。另外，TOT基金平台有强大的管理、经营经验，这一点也非常重要。

3. 组合多元

投资TOT基金产品，通常是投资TOT基金产品组合。组合，就是一种化整为零、降低风险的投资方式。这种多元化的基金产品组合，更能够被现代人所接受。

（二）TOT 基金的缺点

1. 多重收费

这一点与购买 FOF 基金产品是一样的，购买单只基金，需要交一次手续费，购买两只基金，需要交两次手续费。购买一个基金组合，需要重复缴纳手续费。另外，TOT 基金平台还要收取一部分管理费和业绩提成。这会影响到投资者的整体收益。

2. 门槛很高

不管是普通私募基金还是阳光私募基金，门槛都是很高的。一方面，它要求客户至少准备 100 万元闲置资金；另一方面，它要求客户有一定的承压能力。对于那些资金不够充裕的客户而言，还是选择公募基金比较好。

3. 收益率低

收益率低是针对股票等其他投资渠道来讲的，这是低风险投资理财的“通病”。另外，阳光私募基金的投资模式，也是一种长线投资模式。这种投资模式对投资者是一种考验。与此同时，阳光私募基金的封闭期也是比较长的，通常而言，六个月内不能赎回。

不管如何，TOT 基金都是一种较好的理财产品。这种理财产品，属于一种长线理财产品。长线理财比短线理财更有生命力，就像古人所言的“细水长流”。另外，投资长线，更容易锻炼投资者的意志力，帮助投资者养成一种“战略投资”的习惯。诚然，炒短线可以收益更高；但是，炒长线才是一种更好的理财方式。对于 TOT 基金产品的开发者而言，要沉淀下来，更需要借助互联网技术和大数据分析，找到 TOT 基金产品与客户投资需求的契合点，才能够开发出符合时代潮流的优质基金。

第十五章

互联网时代的电商

随互联网出现的电商

“80 后”小谢是某 211 大学国际贸易专业毕业的学生。毕业之后，他留在大城市，成为一名白领上班族。两点一线的工作，让他感觉有些乏味。后来，小谢认识了一个女孩小吴，之后这个女孩成了他的女朋友。到了谈婚论嫁的年纪，小谢带着小吴回老家见父母。小吴是个非常有商业头脑的女孩子，看到小谢老家漫山遍野都是茶树，便对这里产生了特殊感情。小吴对小谢说：“不如辞掉工作回老家做茶吧。”小谢答应了小吴，两个人便辞职回了老家。

起初，小谢的父母感到不解，放着好好的工作不做，竟然跑回农村受苦。小谢的父亲更是生气：“我们老家种茶的，就没有一个有出息的。”但是小谢和小吴不这么想，他们打算将茶叶卖到大城市去。不久之后，两个年轻人就开始运作自己的淘宝店。起初，淘宝店的生意比较冷清。他们拿出大量的时间做宣传，比如建 QQ 群、在各大论坛发广告帖，甚至邀请老客户来茶山游玩。功夫不负有心人，这些办法终于奏效了。他们的淘宝店生意开始有了好转，甚至一天就有几千元的销售额。父亲对小谢的态度有了转变，也开始支持小谢。

小谢的淘宝店越做越大，甚至购物节一天的销量突破了 10 万元。不到 5 年时间，小谢的淘宝店变成了人气店、皇冠店，而且还在老家投资 600 万元建了一家现代化茶厂。在小谢的带动下，村子里的许多人也开始做淘宝。靠卖茶叶起家的小谢，成了村里第一个买上宝马轿车的人。

如果在非互联网时代，这个商业奇迹是不可能出现的。有人说："如今的淘宝，已经成了富豪俱乐部。"事实上，年销售量过千万元的淘宝店或天猫店已经数以千计，这个数字可能还在不断扩大。浙江缙云县有一个淘宝村，这个村是昔日有名的"烧饼村"，村里几乎家家户户会做烧饼。就是这么一个小山村，在互联网技术的引领下，摇身一变成了一个淘宝村。这个拥有2000人的山村，有300多家淘宝店，其中有20多家皇冠店，年销售额超过1.5亿元。如今，这样的淘宝村全国各地都有。许多人因为互联网走上了致富道路。因此有人说："互联网技术也是一种扶贫技术。"

著名的休闲食品公司良品铺子，全国各地有1200多家线下直营店。互联网时代，这家公司也开始由线下转移到线上，走电商之路。2010年，良品铺子开始做电商。2012年，线上销售收入是1500万元，2013年是8000万元，2014年是4.2亿元，2015年是12亿元，2016年是20亿元。如今，良品铺子线上销售收入占总销售收入的30%以上，良品铺子品牌也入围"世界品牌大会"排行榜，品牌价值超过100亿元。

电商是互联网时代的直接产物，没有互联网，也就没有电商。因此阿里巴巴董事会主席马云表示，电子商务最大的受益者应该是商人，阿里巴巴该赚钱是因为阿里巴巴提供工具，但让阿里巴巴做工具的人发了大财，而使用工具的人还稀里糊涂，这是不正常的。所谓新经济，就是传统企业利用好网络这个工具，去创造出更大的经济效益，使其几十倍增长，这才是真的新经济的到来。

如今，电商的种类是非常多的。有的人借助淘宝开店，有的人借助微信开微店或者成为微商，有的人借助微博进行"粉丝"营销，有的人则直接建立自己的电商网站。搜狐董事局主席张朝阳认为，互联网展示的不仅仅是互联网的成果，还给各个行业展示了一个新兴产业如何从零发展到巨大规模的历程——完全靠市场的力量、靠创业的力量、靠资本的力量，互联网是一种力量、一种技术、一种模式、一种思维，只有懂得互联网，才能利用互联网发展壮大自己。

◯ 互联网时代的五种电商模式

互联网时代，电商不断给世界带来新奇迹。如今，人们离不开电商，电商已经成为人们身边重要的商业形式。人们购物去电商网站，旅游去旅行网站，住宿去酒店网站，出行去购票网站。衣食住行一条龙，电商全部给予解决。著名营销专家单仁表示，如果错过互联网，错过的不仅仅是机会，错过的将是整整一个时代。

小米手机在手机界创造了不少纪录。但是有人认为，这些纪录有可能是“刷”出来的，并不是真实的。其实，小米手机在街头的出镜率还是相当高的。小米科技董事长雷军表示，现在连操作系统都在变，行业远没有得到充分竞争，乔布斯开拓了新手机时代，但还有很多新的东西会出现。因此，小米科技也在不断创造奇迹，并且不断产出新产品、新创意。经过沉淀的小米手机，在2015年迎来大爆发。这一年，小米科技网站举行“米粉节”促销，12小时便卖掉211万部手机。小米科技的纪录并不是喊出来的，而是互联网带来的魔力，当然也离不开小米科技自身的努力。

小米科技的案例，仅仅是互联网时代电商成功案例之一而已。互联网时代，为人们带来的惊喜还会有更多。前面我们讲过互联网时代的几种商业模式，比如B2B、B2C、C2B、O2O、C2C模式，这些互联网商业模式为互联网商业提供了基础架构。互联网时代是一个快速代谢、高速创新的时代，因此还有许多创新型的电商模式，比较出名的有以下五种。

1. Storenvy 模式

Storenvy是一家非常有趣的公司，这家公司是美国旧金山的一家初创公司，但是它的创新却极具未来视野。Storenvy电商平台，是一种兼具电商和社交媒体功能的平台。也就是说，它类似于淘宝与脸书的结合体。Storenvy 平台提供免费开店服务，而且还为互联网用户营造了“电商—社交—共享”的生态环境。如今 Storenvy 平台有接近 3 万家网店，Storenvy 公司的 CEO 乔恩·克劳福德公开表态：希望把 Storenvy 打造成为电子商务领域的 Tumblr（汤博乐）。

2. AR 技术模式

增强现实技术的英文名字是 Augmented Reality，简称 AR 技术。这种技术可以将虚拟世界套进现实世界进行互动，提高电商增强现实应用的能力，从而提升电商的营销效果，给客户一种更加直观的体验和感受。这种技术可以促进电商行业的快速发展。

3. Threadflip 模式

Threadflip 公司也来自美国旧金山，它成立于 2011 年，但因经营、融资等问题，于 2016 年 1 月宣布关闭。这家公司虽然关闭了，但是 Threadflip 模式却保留了下来。Threadflip 模式，是一种共享经济模式，它主要致力于二手精品衣物的交换。一个女人一生会买许多漂亮的衣服，但是 80% 的衣服只穿过很少的几次，甚至一次也没有穿过。对于这类品相完好、价值昂贵的闲置衣服而言，丢掉是一种资源浪费。因此，Threadflip 公司提供了一个名为“白手套”的特色服务，帮助卖家将闲置品卖给需要它们的人。

4. Knot Standard 模式

Knot Standard 公司，是一家专门做“男装定制”的公司。事实上，个性定制行业在互联网时代一直有良好的表现力。如今，Knot Standard 公司已经成为全美增长速度极快的公司之一。Knot Standard 公司的投资人认为，Knot Standard 连接了零售业的三大重要领域：定制化、多渠道和持续增长的男装领域。它的定制男装业务拥有巨大的潜力，与同领域的其他企业相比优势明显，依靠优秀的产品质量以及对客户的深刻理解，他相信该品牌未来将继续保持业界领先地位。Knot Standard 模式同样是一种创新的 C2B 模式。

5. Fancy 模式

有着社会化电商急先锋之称的 Fancy，是一家美国的社交电商平台。Fancy 不同于普通电商，它是一个集博客、杂志、愿望清单、电商于一体的平台。

在这个平台上，人人都是电商，人人都是客户。如果你分享的东西得到其他人的关注，便可以选择交易。每一笔交易，Fancy 网站抽取 10% 的佣金。这种“反向营销”模式不仅是一种创新，还是一种逆向思维的体现。

除了上述五种外，还有许许多多充满奇思妙想的电商模式。就像某企业家所言：“创新是互联网的主要特征，只有创新才能跟上互联网的发展。”

淘宝：天下没有淘不到的宝贝

说起电商，不得不提淘宝。淘宝是我国乃至整个亚太地区都非常知名的网购零售平台。如今淘宝有超过 5 亿注册用户，每天浏览量超过 6000 万次，平均每分钟可以卖掉 4. 8 万件商品。以淘宝“双 11”购物狂欢节为例，我们看看淘宝创造了哪些奇迹。2009 年，淘宝“双 11”只有 27 个品牌参与，当天销售额为 5000 万元；2010 年，淘宝“双 11”有 711 个品牌参与，当天销售额为 9. 36 亿元；2011 年，淘宝“双 11”有 2200 家店铺参与，当天销售额为 52 亿元；2012 年，淘宝“双 11”当天销售额为 191 亿元；2013 年，淘宝“双 11”当天销售额为 352 亿元；2014 年，淘宝“双 11”当天销售额达到 571 亿元；2015 年，淘宝“双 11”当天销售额为 912 亿元；2016 年淘宝“双 11”当天销售额为 1207 亿元；2017 年，淘宝“双 11”当于销售额创造了新纪录，为 1682. 69 亿元。销售额的爆炸式增长，让人感叹淘宝平台的强大。

马云认为，未来一定属于电商，电商将会取代传统商业模式。后来他又表示，用互联网、用电商来鼓励年轻人，贸易越多，商业就越多，要让技术、政策来鼓励 600 万或者是 1600 万，甚至 6000 万家小企业繁荣发展。淘宝为广大商家提供了网上开店的机会，也能够把线下消费者带到线上去，形成一种线上交易集散地。淘宝的使命是“没有淘不到的宝贝，没有卖不出的宝贝”。淘宝还有一个终极目标，就是超越零售巨头沃尔玛，成为全球最大的零售平台。

淘宝的吉祥物是蚂蚁，为什么选择蚂蚁呢？马云常常提到“蚂蚁雄兵”

“蚂蚁精神”这些词，他认为蚂蚁是一种不起眼但是力大无比的昆虫，它还有纪律性，有一种团队精神和凝聚力。马云认为，蚂蚁可以成为大象。于是他表示，今后是谁越灵活越成功，而不是谁规模越大越成功，所以希望世界上有更多的蚂蚁超过大象，而大象如不努力也会摔跟头。对于淘宝上数以百万计的店铺而言，每一家店铺等同于一只蚂蚁，那么淘宝就拥有数以百万计的蚂蚁。因此就会产生聚沙成塔的效应。如今，虽然淘宝还在扩建，但是一种形如蚁穴的商业帝国已经成型。

淘宝是一个 C2C 网站，但是它并不是一个严格意义上的 C2C 网站，有时候它更像一个 C2B 网站。有人认为，淘宝上的每一家店铺，对应的是一家企业，或者是整个产品上游行业，淘宝店铺只是一个档口而已。如果这样去理解，也是没有问题的。然而，事实上，规范、整顿商业市场，一直就是一件难以解决的事件。比如，我国南方地区某实体批发市场，除了自主品牌之外，还大量批发各种高中低档的品牌仿制品。由此可见，假冒伪劣、以次充好等现象并不是淘宝特有的。

另外，淘宝为了提高交易的安全性，引入了第三方支付平台：支付宝。有了支付宝这层“信用担保”，消费者与商家就形成了一种对等的关系。有人说：“买到假货不要紧呀，只要我没有点击收货，商家就收不到钱，我有充分的时间选择适合自己的处理方式，可以退换货、申请赔付等。”当然对于那些“知假买假”的消费者而言，这种处理方式就不太可取了。有什么样的消费人群，就有什么样的商品。淘宝是一个公开化、社会化的电商平台，为了体现社会责任，还需要坚持对各个商家进行监督、监管、核查，进一步净化淘宝零售市场，减少“以次充好”“以假充真”等违法商业现象。

或许人们可以没有淘宝，但是对电商平台的需求是必然的。

京东：价值链整合式电商

京东因为其对商品的“高品质保证”赢得了业界好评，深受消费者喜爱。京东 CEO 刘强东表示，未来 10 年一定会发生三件事情：第一，就是未来的中国一定会出现几家销售收入几千亿元，甚至上万亿元的零售企业；第二，未来 10 年，最迟不超过 20 年，中国零售企业的老大一定是全球零售企业的老大；第三，京东将成为世界级的零售企业。事实上，京东确实走在了通往世界级零售企业的路上。

京东走了一条 B2C 模式的电商之路，这条路将数据链、价值链进行了上下整合，并形成了一种独有的“京东电商营销方法论”。这个方法论有五个元素，即整合营销、数据驱动、品效合一、开放平台、场景连接。通过这五个元素，京东提升了价值整合力。

1. 整合营销

提到“整合营销”四个字，我们可能首先会联想到京东的 3C（计算机通信和消费类电子产品）电脑节。自 2016 年开始，京东开始进行 3C 电脑产品促销活动。这个促销活动，就是典型的整合营销活动。京东整合国内外许多 3C 电脑类产品生产厂家，在各大区域、板块对 3C 电脑节进行大力宣传，这种“霸屏”模式产生了非常好的效果。通过这种方式，京东完成了对互联网用户的一次成功引流。京东 3C 电脑节的营销宣传语如“买 iPhone（苹果手机）旧报纸直抵现金”既幽默又吸引眼球。

2. 数据驱动

如今许多电商都借助大数据为自己提高精准营销质量，京东也不例外。京东商城副总裁于永利认为，智慧零售背后最核心的能力，其实是供应链能力，这是智慧零售未来的一个大的方向，或者说是零售最核心的竞争力。对于一个零售商而言，不管是互联网零售商还是线下零售商，供应链能力是最核心的。从供应链的转型来看，供应链未来的趋势一定是需求驱动的。很显然，这种驱动力源自对数据的精确处理。

3. 品效合一

品效合一就是使品牌广告和效果广告统一起来，形成合力，这看上去似乎很难。京东是如何去做的呢？针对 3C 板块，也就是京东商城的核心板块，京东推出了四项计划，即 3C 渠道计划、3C 运营计划、3C 金融计划、3C 京腾计划。通过这四项计划，京东将资源、渠道、金融、运营进行高度整合，形成“1 +1 >2”的合力。这种合力，能够产生品效合一的效果。

4. 开放平台

京东的平台是开放的，并且京东将各个核心服务、技术也开放给合作伙伴进行应用，这一方式让京东由渠道服务商转型成为泛零售服务提供商。开放，不仅是一种创新，更是一种转型。京东给各大品牌商提供了一个开放式的品牌联合的营销平台，借助数据推动和渠道整合之力，进一步提升了精准营销能力，从而实现京东与合作品牌商的共赢。

5. 场景连接

有人认为，互联网营销革命就是场景驱动的革命。谁能够做好场景连接，谁就能够跑赢电商马拉松。京东与腾讯的京腾计划就是建立一种“社交—电商”的生态系统，这个系统是场景驱动的系统，通过释放社交潜能，连接电商营销。诸多成功的社交平台营销案例，采取的都是这种场景连接方式。只不过，京东与腾讯的合作计划更具轰动性和社会效应。

当然，京东是京东，淘宝是淘宝。两个国内顶级电商的玩法是不同的，就像两种功夫流派。不管如何，京东是成功的。

微商：互联网时代的另类电商

什么是微商？对于这个概念，众说纷纭。借助互联网社交工具进行的商业叫微商，通过互联网平台进行微营销也是微商。如今，微商已经火遍大江南北。微商模式，是一种“消费者 + 传播者 + 服务者 + 创业者”模式。也就是说，一个微商可能同时扮演四个角色。作为一名消费者，微商也会选择购买其他微商的产品，或者由购买微商产品而产生做微商的念头；作为一名传播者，微商一定会借助互联网传播微商理念和所售产品的信息；作为一名服务者，微商进行的微营销，其本质依旧是服务；作为一名创业者，微商同样是一条经营创业之路，甚至还是一条发家致富之路。

有一位年轻宝妈王某，为了孩子辞掉工作，选择当一名家庭主妇。

王某的丈夫收入并不高，两人肩上的压力非常大。后来王某在某宝妈论坛上认识了另一位宝妈，这位宝妈一边带孩子、一边做微商，竟然月入万元。王某非常羡慕，便向这位宝妈请教。这位宝妈从事婴儿辅食的微商工作，营销的对象是其他宝妈。

王某对婴儿辅食行业也非常感兴趣，加之她是电子商务专业出身，于是申请成为另一位宝妈的代理。起初，王某的微信朋友圈人数有限，宣传效果比较差。后来她通过各个途径陆陆续续加了4000多名宝妈，婴儿辅食的营销取得了不错的效果。虽然王某没有达到月入五位数，但是每个月几千元的收入也是非常不错的。王某很自豪地说："我是一名做微商的宝妈，我赚的每一分钱都是自己努力的心血。"后来，王某还做过休闲食品微商和水果微商，都获得了不错的收益。

据不完全统计，目前全国从事微商的人超过3000万个，微商品牌销售额超过5000亿元。由此可见，微商市场前景是非常广阔的。常见的微商经营模式有以下五种。

1. 代理

微商发展各级代理，是最常见的一种微商经营模式。微商老板为了扩大经营范围，就会招募几名代理为其营销。有些代理为了让自己获得更大的利益，也会发展代理。如今，许多小微企业都选择以微商代理的形式进行营销。但是代理营销发展的"层次"太多，就会出现"夹层"。还有一些不法分子钻微商的空子，借助发展代理进行逐级诈骗。因此，微商只有合法经营才能取得良性发展。

2. 直营

还有一些商品，属于微利商品，对于这类商品，分级代理就不会取得很好的效果。因此，还有许多人选择直营这一模式。有一对安徽的夫妻，一直从事枇杷生意。后来，他们将枇杷搬到了互联网上，通过微信营销名优土特产三潭枇杷。这种直营模式，中间就没有代理商，微商老板直接将货品发到客户手里。

3. 辅销

如今有一些淘宝店店主，在自己的淘宝店铺里留下自己的微信号，并注明：加微信选商品、看图片更方便，淘宝链接付账即可。事实上，这种做法非常聪明。微商辅销可以把自己的客户邀请到自己的社交圈里来，从而形成一种“电商+社交”互动模式。通过微商辅销，淘宝店店主能够与客户建立黏性关系，进一步提高经营服务质量。

4. O2O

以微信为例，微信有一个新平台，叫微商O2O平台。这个平台给微商转型O2O提供了机会和条件。O2O模式可以让微商落地开花，将客户领上门，直接开展体验式营销。如今有一些商务定制公司进行微宣传，将公司的设计作品、设计理念展现给客户，吸引客户上门，为客户量身定制。

5. 品牌分销

如今许多明星借助自己的“粉丝光环”，发展品牌分销路线。还有一些品牌开启微营销窗口，进行微商运作。这种分销，不仅能够提高销售业绩，而且能够形成一种商圈效应。

除了以上五种模式外，微商还有云微商模式、微店营销模式、公众号营销模式等。互联网时代是“体验为王”的时代，夯实产品质量、提高服务质量、提升用户体验，是微商的最终进化方向。

“微信小程序+电商”模式

微信平台有一款名叫“跳一跳”的小游戏，很多微信用户都在玩。他们在微信朋友圈比赛，看谁的得分高。这样一款极其简单的小游戏，不仅缓解了微信用户紧张的工作压力，而且还能让他们通过娱乐调整自己的心理状态。另外，小游戏的设计者也能从中分一杯羹，大赚一笔。除了这种微信小游戏外，微信平台还有许许多多小程序。这种小程序有一个特点：无须下载就可以使用，非常方便。

周黑鸭是一个较有名的熟卤制品品牌。其公司不走寻常路，不仅有自己的天猫店、微商城，还设计了一款微信小程序。只要微信用户打开微信，就能够搜到它。周黑鸭借助微信小程序，为广大消费者打开了一个端口，这个端口连接着周黑鸭800多家分店的地址和周黑鸭官方商城。借助微信小程序，周黑鸭“圈粉”300多万人，微信电子会员日销超过2万笔。周黑鸭互联网战略中心总经理李明表示，小程序是周黑鸭品牌和会员紧密连接的一个重要手段。

这样的成功案例还有很多，许多传统商家都希望借助微信小程序打开商业的一扇窗。微信小程序有两大好处。第一，使用微信小程序十分方便。微信用户只需要打开微信，就能找到无数小程序。这些小程序的背后，就是一家家门店或者公司。如果想要体验消费，可以直接通过微信小程序下单，也可以通过微信小程序进行了解，使用完毕，关闭即可。第二，微信小程序开发成本非常低，甚至不懂互联网程序的门外汉也可以掌握一些简单的开发技巧，为自己设计小程序。小程序虽小，但是背靠微信这棵大树。微信为小程序提供了海量用户、运行平台，小程序的拥有者可以享受微信平台带来的资源，并与微信用户建立潜在的营销关系。

微信之父张小龙在一堂公开课上这样解读小程序：第一，小程序是无须安装的，这是对现有的应用程序的一个很大的突破，小程序的一个特性就是免去了下载的过程，人们可以直接使用它。第二，在这个定义里有一个词叫触手可及，这里触手可及的意思是，人们看到一盏灯，想要去控制它，可能只需要用智能手机对着它扫一下，控制这盏灯的应用程序就已经在手机里启动起来了，直接使用它就可以了。第三，用完即走，做完这些事情后，并不需要卸载这个应用程序，当它不存在就可以了。第四，无须卸载，你访问过它的服务，并不需要手机里还有一个程序管理器去管理它，小程序不需要卸载的过程。

对于微信小程序，张小龙是最有发言权的人。微信小程序的受益者，则是微信小程序的设计者和使用者。如今，越来越多的公司选择使用移动App提供服务。只要人们下载并点击App，就能与服务提供商建立联系，提交自己的需求。虽然微信小程序是基于微信平台出现的，但是微信平台拥有 10 亿用户，这样一个平台完全可以为各类小程序的拥有者开启一片新领域。微信小程序不仅为用户带来了便利，为拥有者带来了商业利益，而且完善了微信的生态体系。

第十六章

互联网时代十大成功商业模式

○腾讯：免费基础平台盈利模式

有人认为，世界上最赚钱的模式是免费模式。这个观点，似乎充满了各种矛盾，免费如何能赚到钱？

国内有一个著名旅游景点，在其他景点还在收门票的时候，这个旅游景点选择撤掉门票收费口，免费向游客开放。这一举动，让游览该景区的游客暴增50%以上。

有人质疑这个做法："游客确实多了，但是你没有门票收入呀！这给政府、旅游局造成多少损失？"但是拍板这个免费项目的人却这样解释："虽然少了门票收入，但是吸引了更多游客。游客到来，就会进行其他旅游消费，比如住宿、购买旅游纪念品等，游客会把购买门票的钱花在其他地方。"

免费开放之后，这个旅游景点非但没有因此受损失，旅游业带动的整体性旅游收入还增长了35%。这种免费开放的方式惠及更多游客，新增游客更会带动其他产业。比如，有外地游客因免费景点而选择购买一套商品房用来度假、养老，他说："我每天都可以在这个旅游景点里晨练，这是多么好的一件事。"

免费只是一种形式，收费才是最终目的。比如，某人修了一个穿山隧道，这个隧道造价100万元。如果每人次收费10元，收10万人次才能回本。但是这个人最初选择免费开放隧道，让人们去体验。人们体验后觉得好，穿隧道省心省力省成本。三个月之后，这个人提出收费，每过隧道一人次收费 2 元。2 元其实并不多，大多数人都可以承担。虽然个别人颇有微词，但是绕山路的成本要远远超过 2 元。因此，人们宁可掏 2 元购买穿隧道的服务，也不会选择绕山路。这就是一个从免费到收费的案例。互联网时代，人们的思维更加高级，商业创新意识也更有前瞻性。

腾讯公司有两个吸睛的产品：QQ 和微信。就是这两个免费产品，为腾讯公司赚了很多的钱。许多人都玩过 QQ，通过 QQ 可以查找好友，与好友进行聊天交流。我们必须承认一点：聊天确实是免费的，但是想要在这个平台上做点其他事情，就要付费了。如果觉得 QQ 升级太慢，可以充值成为 QQ 会员享受快速升级的体验……事实上，100 个人里面有一个人选择付费，QQ 就已经赚到钱了。QQ 用户实在太多，数以亿计。另外，装扮 QQ 秀需要花钱充钻，玩 QQ 游戏需要充钻。总之，只有你花钱充钻，或者用人民币兑换 Q 币，才能享受 QQ 提供的 VIP 服务。如今 QQ 注册用户达到 10 亿人，活跃用户也超过 4 亿人。如果活跃用户中有 1% 选择花 10 元购买一个月的 QQ 会员，就会给腾讯带来 4000 万元的收入。如今 QQ 增值服务有很多，比如蓝钻、绿钻、黄钻、QQ 会员等。选择购买增值服务的 QQ 用户基数大，这就能够为腾讯源源不断地带来财富。

腾讯另一个免费的社交工具微信，似乎拥有比 QQ 更强大的吸金能力。那么微信靠什么赚钱呢？我们知道，微信全球用户即将超过 10 亿人，10 亿用户是什么概念呢？几乎相当于地球总人口的 1/7。如此庞大的资源，本身就是一笔财富。我们可以把微信比喻成一个大型超市，进超市是免费的，在超市里可以选择不花钱，但是总有人会花钱买东西，满足自己的需求。因此，微信平台上的许多游戏是收费的，广告宣传是收费的，微信转账、提现是收费的，微信表情、道具也有许多是收费的。

免费与收费并不是水火不容的关系，而是一种相互促进、融合的关系。以免费带动收费，同样也是一种互联网商业思维。免费与免费经济是许多互联网从业者致力解决的重要课题之一。

⬡阿里巴巴：B2B 平台盈利模式

阿里巴巴被誉为世界上最大的互联网交易市场。如今，阿里巴巴在全国几十个重要城市拥有自己的销售中心，在美国硅谷也有自己的数据中心。阿里巴巴会员数量虽然不及淘宝、支付宝的用户数量，但是作为一个 B2B 网站，4000 万注册会员相当于 4000 万家企业。换句话说，阿里巴巴是一个超级 B2B 平台，这个平台几乎“一网打尽”了全天下所有的商品、服务资源。

阿里巴巴不仅能够为许多企业提供平台资源，而且阿里巴巴的崛起至少创造了十个亿万富翁。2018 年 1 月 24 日，阿里巴巴市值超过 5000 亿美元，此时的马云正在参加达沃斯论坛。在达沃斯论坛上，马云表示，过去 20 年，中国没有完善的物流体系、支付体系和网络设施，但电子商务不断成长，2017 年阿里巴巴平台上的成交额超过 7500 亿美元。年轻人非常喜欢电子商务，只要是年轻人喜欢的事情，那就是未来。在马云看来，阿里巴巴从来没有因为平台是否盈利这种事情而发愁。俗话说，资源就是金钱。阿里巴巴身后的资源，就是其不断创造财富的源泉。

阿里巴巴平台是如何实现盈利的呢？马云表示，好的盈利模式一定得简单，阿里巴巴现在的盈利模式很简单，就是收取会员费。当然，阿里巴巴的盈利渠道并非只有这一种，还有很多。

1. 诚信通会员费

诚信通是阿里巴巴的特色业务，它能够为广大企业客户提供更加贴心的服务。截至 2017 年，阿里巴巴诚信通的会员收费已上调至 6688 元/年。如今阿里巴巴诚信通会员超过 100 万，仅此一项就会给阿里巴巴带来几十亿元的收入。

2. 点击推广费

俗话说，天下没有免费的午餐。企业宣传推广时，可以自由选择免费推广或收费推广，可收费推广的效果要明显好于免费推广。某商家除了开通每年 6688 元的诚信通之外，还开通了一年实力商家的推广活动，实力商家的推广费为每年 30000 元。除此之外，它还开通了网销宝。事实上，宣传推广无法用具体的金额来衡量，投入越大，推广范围也就越广。总体来讲，互联网点击推广费低于传统媒体推广的费用。

3. 黄金展位费

黄金展位是针对阿里巴巴有实力的诚信通会员提供的一项增值服务，以个性化的图片、企业展示、Logo 等将该企业宣传页面固定展示于搜索页面右侧。许多企业花钱购买黄金展位，就是为了提高搜索的成功率。如今黄金展位服务被网销宝和标王所代替。网销宝收费 150 元/天，标王收费 1000 元/月。

4. 广告费

广告费与推广费是相似的，投入 100 元也行，投入 100 万元也可以。阿里巴巴完全可以根据客户要求进行广告宣传。数据显示，2016 年阿里巴巴广告收入高达 120.5 亿美元，占全国网络广告市场的 1/4。据相关内部人士预测，2018 年阿里巴巴的广告收入能够达到 200 亿美元。

5. 旺铺租金

阿里巴巴就是一个企业地图，企业想要在地图上位置最好的地方开通一个铺位，必然要付费。阿里巴巴的旺铺同样分为不同等级，收费也分为几个档次。阿里旺铺的收费还是比较合理的，开通阿里旺铺后，企业可以装修自己的“店面”，提升“店面”形象，在宣传服务方面也更加有效。

阿里巴巴通过以上五种渠道，可日进斗金。阿里巴巴的成功还有很多因素，比如专做信息流、入乡随俗、增值服务做得好、收费合理等。

百度：搜索推广平台盈利模式

BAT，即百度、阿里巴巴和腾讯。百度，是我国最有名气的综合性搜索网站，甚至有人称它为中国的谷歌。当然，百度确实是有实力的，它是全球最大的中文搜索网站。百度一词来自宋代大词人辛弃疾的《青玉案·元夕》

中“众里寻他千百度，蓦然回首，那人却在，灯火阑珊处”。因此，百度本身就有执着搜索之意。

李彦宏表示，搜索是百度成功的所有秘密，这是互联网用户常用的服务之一，越来越多地影响着互联网产业，百度就是一个明证。搜索，是一种技术，是寻找互联网资源的最好方式，同样是挖掘互联网资源、开发互联网资源的一种途径。正因如此，百度的检索功能极具商业价值，为百度创造了巨额财富。

如今，百度拥有超过 6 亿用户，日均搜索量超过 60 亿次；百度搜索已经全面覆盖中文互联网世界，其市场份额超过 70%。换句话说，任何一条中文信息，我们都可以通过百度检索出来。因此，百度开发出“人与信息链接”的市场价值，通过搜索、推广创造出一种特有的盈利模式。那么百度到底有哪些具体的“吸金”渠道呢？

1. 广告

百度能够搜索的网站都是第三方的网站。想要让自己的网站、公司出名，想要让自己的网站、公司出现在检索页面的前方，就需要给百度缴纳一定的广告宣传费用。百度每年可以赚得几十亿美元甚至更多广告费。

2. 中介

百度将互联网上大大小小的广告公司、广告网站集中在一起，为这类公司充当中介。如果有用户想做广告，只要是从百度搜索找到广告公司，百度都能够在里面赚取一部分中介费。打个比方，百度就像红娘，红娘牵线成功，也会得到一部分佣金。

3. 增值服务

就像阿里巴巴和腾讯那样，百度也有针对用户的增值服务。有人说：“只要有关‘增值’二字，这样的服务一定是收费的。”百度增值服务包括为用户提供专业的咨询建议、为用户设计竞价排名产品、负责处理用户的相关信息（包括负面信息）、为用户提供相关信息、数据推荐等。百度增值服务类型很多，收费标准也不一。可以说，增值服务的收费门槛很低，但是上不封顶。

4. 竞价排名

竞价排名是百度的“核武器”，任何公司、网站想要在百度这个搜索大咖上体现排名，都需要缴纳高额的竞价排名费用。花钱越多，排名越靠前，类似于拍卖会进行一轮一轮竞价拍卖那样。当然，竞价排名也让百度一度陷入“丑闻”，著名的“魏则西事件”让百度成为众矢之的。后来，百度 CEO 李彦宏亲自进行危机公关，才让百度摆脱负面影响。

5. 其他业务

与其他大型互联网公司一样，百度涉及的领域非常多，比如其涉及的人工智能领域，其持股的爱奇艺、去哪儿网等网站，都给百度带来了不错的回报。另外，百度旗下还有百度糯米、百度金融、百度云、百度文库、百度娱乐、百度理财、百度软件等。百度的盈利渠道非常多，在行业内有非常大的竞争力。

前百度首席运营官陆奇认为，在百度内部，大家利用“百度大脑”的能力，利用人工智能的核心，来大规模地提升公司的核心业务。百度的核心业务是搜索，搜索的核心是连接人与信息。但是在今天，由于人工智能技术的突破，由于可以大规模进行计算，千人千面完全可以做得到，个性化的推荐、信息流会成为用户体验的主流，任何一个用户体验都可以使用个性化的推荐，内容也好、信息也好、娱乐也好，都会成为新时代的用户体验。

由此可见，大数据和人工智能也将会升级百度的盈利模式。

华为：通信产品盈利模式

华为是世界一流的通信公司。其愿景是共建更美好的全联接世界；品牌理念是华为——非极致而不为。这里有两个关键词：全联接和极致。通信行业的最高成就，就是连接全世界；通信行业的最高追求，就是追求极致。因此，华为的商业模式也必然围绕着这两个关键词展开。

华为是一家非常“怪异”的公司。作为一家世界 500 强、年营业额超

6000 亿元（2017 年）的大公司，竟然是世界 500 强唯一没有上市的公司。另外，当华为进入世界 500 强的时候，华为上下没有庆功酒，依旧像往日那样忙碌。华为总裁任正非认为，科技公司是靠人才推动的，公司过早上市，就会有一批人变成百万富翁、千万富翁，他们的工作激情就会衰退，这对华为不是好事，对员工本人也不见得是好事，华为会因此而增长缓慢，甚至队伍涣散；员工年纪轻轻太有钱了，会变得懒惰，对他们个人的成长也不会有利。不上市是华为的特色，同样也是一种管理模式和分配模式。

有人说："华为没有商业模式，华为只是传统通信行业的一个缩影。"实际上，华为有自己的商业模式，它的商业模式可以用六个字来形容，"深淘滩，低作堰"。"深淘滩，低作堰"原本是都江堰水利工程的治水名言。这么做的目的就是分洪减灾、引水灌溉。任正非表示，将来的竞争就是产业链之间的竞争，从上游到下游的产业链的整体强健，就是华为生存之本。华为将"深淘滩，低作堰"当作经营理念，就是坚持一种内外兼修的经营方式，既要确保核心竞争力不被削弱、服务价值不被降低，又要实现公司内部挖潜、降低运作成本。

"深淘滩，低作堰"代表着一种经营理念：合理投入，确保竞争力不下滑。如今，许多互联网公司或者高科技公司，采取一种高投入、高回报的经营策略。事实上，高投入未必有高回报。一方面，互联网时代的市场环境变幻莫测，如果"押注"失误，就会满盘皆输。另一方面，产品迭代非常快，这种"赌徒"式的经营策略并不适合华为这种有社会责任感的大公司。从长远角度看，把握度是最重要的。华为始终坚持稳定有序投入，适时调整经营策略。

"深淘滩，低作堰"还代表着一种管理思路：处理好与运营商之间的关系。俗话说，客户是上帝。如果和客户的关系闹僵了，关系断了，财源也就断了。华为在服务方面做得非常坚决。任正非认为，不要因短期目标而牺牲长期目标，要多一些输出，多为客户创造长期价值。正因如此，任正非依旧亲自拜访客户，用这种方式树立榜样的力量。在"深淘滩，低作堰"的理念下，华为还提出了"五个一"目标：软件上传周期为一分钟；合同处理周期为一天；供应链备货周期为一周；从发货到站点周期为一周；合同交付周期为一个月。凭借这“五个一”，华为缩短了项目周期，从而加快了资金链转动，缓解了资金压力。因此，华为也就能够将更多的精力和金钱投入到新项目研发中。

虽然华为主要依靠通信产品和产品的生命周期去盈利，但是华为始终坚持“深淘滩，低作堰”的经营理念，为客户提供有竞争力的解决方案，借助技术优势和研发优势降低产品成本，迅速占领市场。通过这种优势，华为成为世界通信行业里的巨头。

联想：“硬件＋软件＋服务”盈利模式

提起联想，我们就会想到联想电脑。联想是世界级的电脑制造商，世界500强企业之一，同样也是国内能够生产研发超级计算机的企业。联想CEO杨元庆表示，联想大概是中国企业里为数不多的能够从专利上面获得收入的企业。但是有人认为，PC时代已经过去，移动智能硬件时代已经来临。事实上，联想一直在不断改变，比如收购摩托罗拉，推出新手机、智能手表、智能手环等，借助“硬件＋软件＋服务”的模式建立起自己的商业帝国。

首先，我们介绍一下联想的硬件模式。

有人认为联想只是一家电脑组装企业，联想电脑里面的硬件几乎没有“联想造”。这话听着很刺耳，但我们可以深入思考一下：为什么一家不生产硬件的企业却能够成为世界顶级PC企业呢？就像法国的空中客车公司，它制造的飞机身上的硬件设备又有几件出自自己的工厂呢？这是一个永远解释不完的问题。但是，这离不开科学的供应链和供应体系。就像菜农给饭店送菜，饭店会支付菜农除金钱外的东西：承诺。

大家都知道，电脑、手机等几乎都是由硬件组装而成的。联想对硬件的使用量必然是巨大的。联想虽然是一家做设备的企业，但是只有将硬件与软件相结合，才能展现出更强大的竞争力。因此在某个阶段，联想提出了“PC＋”战略。

其次，我们介绍一下联想的软件模式。

PC 和手机，是互联网的实践型产品。如果没有 PC 和手机等设备，我们就无法感受到互联网的创新和力量。但是想要让 PC 和手机的使用性能更好，就需要借助一些软件。在这里，我们要提到一个词：优化。软件的作用就是优化产品使用性能，提升产品的操作性和体验感。

有人说："软件能够将硬件与服务连接起来，如果没有软件，也就无法做到硬件与服务的结合。"因此，2014 年，联想开始走一条"设备 + 服务"的转型之路，这条路就需要联想提升软件的性能，借助软件、大数据、渠道打造一个组合。

最后，我们介绍一下联想的服务。

联想自创立以来，就非常重视服务，如产品服务、售后服务、智能服务等。联想中国区 PC 部营销总经理王立平认为，联想对服务的定义不再只是最基础的维修电脑，现在客户越来越专注于核心业务。对于非核心业务，很多客户选择桌面外包。联想要提供专业的服务，帮助客户专注在核心业务上，帮助客户提升桌面管理效率、降低整体运维成本，所以服务也是联想商用 PC 很重要的一个支撑。当然，这仅仅只是针对联想 PC 产品的服务。

对于整个联想而言，服务的概念又提升了一个境界，或者说这种服务是一种"硬件 + 软件 + 云"服务。联想 CEO 杨元庆始终认为：联想的定位是硬件、软件、互联网服务融合体，在专注硬件设备的同时，为更多消费者、合作伙伴提供更优质的服务体验。如今，世界各大 PC 制造商都在比服务，谁的服务好，谁就处于领跑位置。因此，联想对服务非常重视。杨元庆也公开表示：联想是业内最具竞争力的"互联网 +"服务提供商。

对于这种商业模式，联想用"三位一体"这个词来形容。联想 CEO 杨元庆曾经表示：联想以用户为中心，要在与用户接触的每一个环节建立互动、产生黏性，通过打造"软件 + 硬件 + 服务"平台，"三位一体"加强用户的体验。因此，"三位一体"也是联想的主要盈利模式，这种盈利模式也是全世界设备企业正在探索的一种商业模式。

◯苏宁："互联网零售 + 云店"盈利模式

在我国许多地区，过年过节买家电有三个去处：当地的综合家电城、国美、苏宁。如今，苏宁并不只卖家电，而是类似淘宝那样涉及家电、电子、百货、图书等许多产品的综合性平台。线上苏宁易购 B2C 网上商城规模在全国名列前茅，线下苏宁电器拥有 1600 多家实体店。因此，苏宁形成了一种"线上—线下"互动营销模式，实现了线下体验、线上购买的体验乐趣。如今，苏宁也成为世界 500 强中的一员。

苏宁控股集团董事长张近东认为，苏宁的转型，经历了"+互联网"和"互联网+"两个阶段。"+互联网"就是将原有的线下资源和能力拓展到线上去，开展数据化的运营；而"互联网+"则是让融合后的互联网技术再反哺线下，通过嫁接、叠加，不断改造和优化线下实体的业务流程和零售资源。简单地说，就是先互联网化，成为云商，再把互联网上整合的资源带到线下来，变成各种业态，最终实现线上线下的 O2O 融合运营。换句话说，苏宁的发展模式 = 实体店 + 互联网 + 云店。互联网是一个核心中间单元，就像汉堡中间的夹层。借助互联网，苏宁就能够将线下与线上互联起来，形成一个"线上—线下"生态圈。于是，张近东有了一个三年落地 15000 家店的梦想。

苏宁的 O2O 战略起源于 2012 年，当时张近东提出：苏宁要做中国的"亚马逊 + 沃尔玛"。这个概念非常大，在此之前没有人去尝试。企业要么是 B2B，要么是 B2C，要么是 C2B。O2O 战略推出后，一个"店商 + 网商 + 零售服务商"的概念便出现了。

店商，就是我们常说的实体店。实体店是苏宁的基础产业。有人说，互联网时代，实体店将逐渐走向死亡。严格来讲，这句话是不对的。对于大型家电而言，大多数人更乐意去实体店选择，比如电视机、电冰箱、空调、洗衣机等，这类大型家电在远程配送过程中，存在损毁的风险。另外，购买大型家电需要线下了解和感受。比如，某人想要购买一台 60 寸的电视，于是他去某线上商城进行浏览、咨询，但是发现互联网根本无法解答所有问题，于是他去了苏宁电器，亲身体验了三星、索尼、夏普、长虹、海信、创维、海尔等电视机品牌的电视，最后选择了某品牌。因此，线下的体验优势是线上商城无法比拟的。

网商，就是互联网商城。苏宁易购就是一家知名度很高的B2C网站。苏宁易购提供了与京东、淘宝相似的服务，也常常借助促销活动吸引客户进行购买。网销是一种趋势，苏宁易购就是苏宁在线上开辟的一个新商场。因此有人说，苏宁易购的作用是为苏宁电器实现线上引流。引流只是其中一个作用，更重要的意义则是建立苏宁"云商生态"。苏宁云商副总裁田睿表示，以苏宁为例，线下一直是苏宁的核心优势，经过了多年的发展，线上的互联网技术已经日臻成熟，现在能够精准地掌握消费者的需求。苏宁把线上的技术和线下的购物体验、有效导购、物流配送、极致服务能力有效地结合起来，实现发力。

零售服务商的定位是服务，所有的商业营销模式都要回到服务上。苏宁把这种零售服务称为苏宁云服务。我们可以把苏宁云看成苏宁的智慧大脑，这个大脑可以满足企业及个人相关管理、销售管理、环境及安全控制、云商城、云理财等各种需求，从而实现从普通零售到智慧零售的转变。很显然，苏宁借助苏宁云将实体与虚拟结合起来，形成一种新型盈利模式。张近东认为，当前人们正在经历的智慧零售，就是引领世界零售业的第三次变革，苏宁正是智慧零售的创新者和引领者。这场覆盖全场景、全渠道、全客群的零售革命，正在以虚实结合、双线融合、技术耦合的形式席卷全球。这是全球零售企业的必然趋势，也是一条前无古人的零售之路。

◯ 招商银行：移动大数据盈利模式

互联网时代，许多商业银行并没有找到很好的应对办法，多数依旧坚持传统的经营策略。许多商业银行意识到金融市场竞争激烈，整体效益下滑，存量客户减少，因此也会采取一些相应措施，比如组织社区营销和公私联动营销、提升服务质量、加大客户沟通力度等。但是这些方法，似乎治标不治本。然而也有一些商业银行似乎找对了办法，比如招商银行。招商银行利用TalkingData（北京腾云天下）平台分析、互联网平台管理、移动大数据服务等，进一步激活存量客户，精准发现新客户，有序维护老客户，从而建立了一种移动大数据盈利模式。

招商银行为何选择走移动大数据这条路呢？数据显示，招商银行的手机银行登录次数已经是银行网点的十倍之多。也就是说，如果有一个人在招商银行网点办理业务，可能就有十个人在手机银行办理业务。同时，选择使用手机银行的人数还在以每个月10%的速度增长。在这种情况下，招商银行似乎需要转战互联网主战场，才能确保银行的总体效益不下滑。有一位企业家说："互联网就是帮助企业做减法。"所谓减法，就是让业务更简单，服务更纯粹，体验性更好。于是一个名叫"极简金融"的概念被抛了出来。

招商银行推行"极简金融"试点，宁波百丈支行便是较有名气的一个。这家银行网点是"新概念智能网点"，它不仅没有迎宾台，而且没有叫号机。但是这家银行网点有一个"大脑"，这个"大脑"就是多功能吧台。在多功能吧台，招商银行工作人员提供服务选项，客户只需按照服务选项办理自己的业务即可。另外，这家网点引进VTM（远程视频柜员机），客户可以在招商银行工作人员的指导下使用它，自行办理业务，无须排队。强大的VTM可以办理40多种业务，基本可以满足客户的所有需求。招商银行为了让这种"极简金融"落地，又不断推出新技术、新服务，比如手机银行App、云按揭等。

招商银行为何选择与TalkingData进行合作呢？TalkingData平台是中国较大的独立第三方移动数据服务平台，这个平台拥有一整套数字生态体系，它由数据服务平台、数据商业化平台、开发者服务平台等组成。如今TalkingData平台覆盖超20亿独立智能设备，服务超过10万款移动应用。因此，TalkingData与众多国内知名企业有着深度合作。TalkingData公司的CEO崔晓波表示，金融企业积累下来的更多是交易数据，是资产数据，是非常浅层的客户资料。在智能数据来临的时候，客户产生大量的行为数据，散落在移动App里，散落在网站里，甚至散落在合作的供应商手里，这些非结构化的数据一直没有被有效地管理起来。通过崔晓波的分析，我们似乎找到了招商银行选择与 TalkingData 合作的意义。

TalkingData 能够为招商银行提供多项服务，具体如下：①对招商银行的产品、服务进行优化，提升客户体验；②借助大数据帮助招商银行分析企业客户和个人客户，并建立一套客户行为数据模型，为招商银行精准营销提供帮助；③帮助招商银行实现数字化运营，提高金融产品的转化率；④帮助招商银行整合数据，并设计个性化、品牌化的 App；⑤为招商银行经营模式进行精准画像，帮助招商银行制订科学的营销方案；⑥借助数据地图，帮助招商银行科学选址，并为招商银行市场开放和营销活动提供数据支持。借助以上服务，招商银行为自己开启了智能化、数据化的金融运营时代。

前招商银行行长马蔚华认为：互联网时代的银行本质上就是一个 IT 大数据公司。互联网时代，招商银行选择移动大数据似乎是一种无奈之举。但是，从商业角度而言，这样的做法又是正确的，只有顺应时代潮流，才能成为吃螃蟹的人。

携程网：呼叫中心盈利模式

如今，人们的物质生活相对比较富裕，人们可以自由安排工作、生活。如果想出门旅游，如何安排出行计划呢？没有互联网的时候，人们大多选择旅行社：走固定的线路，吃团餐，团体入住宾馆。如果旅行社的团队品质不好，人们也要忍着，甚至要面对投诉无门的尴尬局面。互联网时代，许多人更愿意选择自由出行，自己安排旅行计划。因此，许多酒店网站、旅游网站也就出现了。

携程网是佼佼者之一。1999 年，携程网成立于上海。2002 年，携程网就实现了单月交易额突破 1 亿元。2003 年，携程网在美国纳斯达克上市，成为一家境外上市的酒店预订网站。2006 年，携程网进军商旅管理市场。2008 年，南通呼叫服务中心正式启动，呼叫服务也是携程网的核心技术。2015 年，携程网与另一家知名网站去哪儿网合并。2016 年，携程网全年营业收入为 192 亿元。一家专门以旅游、酒店为主的网站可以创造如此效益，非常值得同行学习与借鉴。

携程网为什么能够取得成功呢？大概有三个元素：免费、服务、技术。

1. 免费

免费是一种互联网理念。只有免费，才能吸引大量客户进行关注。某企业进行商业宣传，有免费礼品发放，就会吸引人上门。携程网的免费服务有三个方面：免费旅游攻略、免费比价服务、免费酒店搜索。免费给携程网带来了巨大的人气。通过注册客户的信息，携程网能够掌握大量客户的数据，从而对客户进行有效信息推送。

2. 服务

服务，是互联网时代重要的元素。如果企业做不好服务，就会失去市场。比如，某餐厅一直有比较高的人气，在点评网站和团购网站上都有较好的评价。后来，这家餐厅因为一些服务细节被客户投诉，好评率也随之下降。好评率下降的结果，就是这家餐厅的人气大减。在服务方面，携程网虽然难称完美，但至少推出了服务标准。

3. 技术

技术，是互联网时代极有价值的元素。互联网本身就是一种技术。若要在互联网时代有所成就，就需要借助技术优势。BAT 也好、联想也好、华为也好，这些企业的成功都离不开自己的核心技术。携程网的核心技术就是呼叫技术。携程网创始人梁建章提出“拇指 + 水泥”战略。“拇指”是移动互联网技术，“水泥”是呼叫中心。

移动互联网技术是一种基础性技术。移动互联网技术的应用，帮助携程网实现了四个突破：①借助语音查询技术让人机交互场景得以实现；②借助云计算和大数据，携程网实现了精准营销和精准广告推送；③借助位置识别技术帮助客户提升位置精确搜索等服务；④通过身份认证技术，为携程网提供安全保证。另外，移动互联网技术给携程网带来了丰富的资源，提高了网络覆盖率。

携程网引以为傲的呼叫中心，则是携程网最重要、最有价值的。携程网创始人梁建章认为，呼叫中心不是互联网技术，但是后面支撑它的是一个 IT 平台，能做到快速查询并实现跟酒店方面信息进行实时交互，这些实际上都运用了非常先进的技术，而其他的旅行社和传统的小订房中心做不到这一点。言外之意，呼叫中心并不是游离的，而是与移动互联网技术相结合的。

呼叫是一种服务，这种服务是订酒店、订机票的一个重要环节。有人认为，呼叫技术已经被淘汰了。事实上，呼叫技术依然有其存在的价值。呼叫技术结合移动互联网技术，就是一种新技术。这种新技术不仅能够提高批量服务的能力，而且能彰显服务特色，为客户提供个性化的服务。由于呼叫中心是一个劳动力密集型的系统，或许未来携程网会用人工智能技术代替人工。

借助“拇指 + 水泥”模式，携程网实现了从免费到收费、从呼叫中心到智慧平台的转型。

○ 蚂蚁金服：“互联网金融 + 理财”盈利模式

如果把阿里巴巴比作身体，蚂蚁金服就等同于阿里巴巴的灵魂。蚂蚁金服旗下有许多人们耳熟能详的产品，比如支付宝、芝麻信用、余额宝、招财宝、蚂蚁花呗等。蚂蚁金服的服务对象是小微企业和个人。

有人问：“二八定律下，不是大客户才有服务价值吗？”事实上，整个社会的商业基础还是人和小微企业。俗话说，积少成多，聚沙成塔。蚂蚁虽小，但是数量多到以亿估算，就是一个天文数字。十几年前，义乌有一群从事纽扣生意的商人，一粒纽扣只赚一厘钱。也就是说，1000 粒纽扣才能赚到 1 元。于是许多人认为：这样微薄的利润，肯定赚不了多少钱。事实上，许多纽扣商人后来都成了千万富翁。蚂蚁金服也是如此，蚂蚁金服的客户数量非常多，多到数以亿计，因此就会产生巨大的商业效应。蚂蚁金服对蚂蚁二字的解释是：之所以选择这个名字，是因为蚂蚁金服从小微企业做起，只对小微企业的世界感兴趣，蚂蚁金服身上承载了太多小微企业的梦想，喜欢与更多小伙伴们同行。就像蚂蚁一样，虽然渺小，但它们齐心协力，就能拥有惊人的力量，在去往目的地的道路上永不放弃。

蚂蚁金服并不是传统的互联网金融企业，从名字上解释，它是一种“金融+服务”的结合体。蚂蚁金服的盈利来源于九大板块。

1. 支付

支付板块是借助支付宝平台搭建起来的。自2004年支付宝平台建立以来，已经有超过200个金融机构与支付宝进行合作。支付宝也成为全国最大的第三方支付平台。支付宝平台带来的收益有四个方面：佣金收益、广告收益、利息收益和其他附加收益。

2. 贷款

贷款板块是借助蚂蚁小贷搭建起来的。蚂蚁小贷的前身是阿里小贷，主要为阿里巴巴旗下的小微企业和个人创业者提供互联网批量贷款业务。后来，蚂蚁小贷又陆续开发出阿里信用贷款、网商贷、淘宝信用贷款、淘宝订单贷款等产品。蚂蚁小贷为蚂蚁金融带来的收益主要是贷款利息。

3. 理财

理财板块是借助余额宝、招财宝等搭建起来的。余额宝最大的特点是提供活期理财；招财宝最大的特点是提供定期理财。有人表示，余额宝与招财宝是蚂蚁金服的两大法宝。这两大法宝为蚂蚁金服吸纳了巨额社会闲散资金，并为蚂蚁金服带来了非常好的投资收益和手续收益。

4. 保险

保险板块是借助众安保险搭建起来的。众安保险是由蚂蚁金服、腾讯、平安保险等企业联合创建的，它是国内首家互联网保险企业。如今，众安保险服务的客户超过2亿人。另外，蚂蚁金服入股国泰产险，也成为国泰产险的控股方。

5. 证券

证券板块是借助德邦证券搭建起来的。蚂蚁金服推出的蚂蚁聚宝，业务涵盖证券、股票各类理财渠道，因此也扩展、强化了余额宝、招财宝的功能。蚂蚁金融通过证券板块可以获得不错的手续费和基金赎回费等收益。

6. 银行

银行板块是借助网商银行搭建起来的。网商银行是国内首批5家民营银行之一，蚂蚁金服作为网商银行的大股东，能够更加方便地服务阿里巴巴旗下的小微企业和个人创业者。马云表示，自己当初创办一家小企业海博翻译社，为借3万元，花了3个月时间，把家里所有的发票凑起来抵押，还是没有借到。那时候想，如果有一家银行有一天能够专门做这样的事情，应该可以帮助很多人成功。借助网商银行，蚂蚁金服可以获得不错的自营利润和平台收益。

7. 征信

征信板块是借助芝麻信用搭建起来的。芝麻信用是我国8家具备合法征信资质的征信机构之一，它借助阿里巴巴强大的互联网技术能力和大数据处理能力，为蚂蚁金服旗下的蚂蚁借呗和蚂蚁花呗提供征信信息。

8. 基金

基金板块是借助天弘基金搭建起来的。天弘基金是中国证监会批准成立的公募基金之一。2014年，天弘基金与蚂蚁金服联合推出“天弘增利宝货币基金”。截至2018年6月30日，该基金资产净值高达14540亿元。因此，蚂蚁金服能够从中获得不错的收益。

9. 众筹

众筹板块是借助蚂蚁达客、淘宝众筹搭建起来的。一方面，投资人通过严格的门槛验证，才能成为蚂蚁达客的投资人；另一方面，通过门槛验证的企业或投资人，才能享受蚂蚁达客的线上服务。淘宝众筹更是与其他众筹网站一样，为企业、投资人搭建了良好的投资平台。

蚂蚁金服的九大板块，构成了一个蚂蚁金融生态圈。因此，这种“互联网金融＋理财”盈利模式是非常强大的。这种金融生态模式，非常值得金融企业借鉴和学习。

○ 平安保险：“互联网＋人工智能＋保险”盈利模式

曾有人大胆地提出一个问题：“保险公司进军互联网，能够超越BAT

吗?”当然，大多数人认为这是天方夜谭。原因有三个：①保险与互联网毫无交集之处；②BAT扎根互联网行业已久，有成熟的互联网技术支撑，很显然保险公司不具备这样的技术；③BAT几乎已经将互联网市场瓜分完毕，没有多少市场份额留给后面的公司。但是有一家保险公司并不服气，它希望借助互联网和人工智能做大、做全商业保险，或者以保险为依托，进军其他领域。这家保险公司，就是平安保险。

平安保险董事长马明哲认为：智能科技的时代正在来临，赢科技者赢未来，平安保险将逐步地从资本驱动型公司转变为科技驱动型的公司。这听上去非常应景，但是似乎也与保险并没有什么关系。人们都知道，保险业同样属于劳动密集型行业，需要大量保险员跑市场。如今，国内所有的保险公司都在采用这种“人海模式”，传统保险业也被贴上了一个“保险员跑市场”的标签。许多保险公司一直沿用一套模式：早晨开会，中午跑市场，晚上交单。这种模式延续许多年，似乎并未取得真正的突破。但是当一个QQ或者一个微信就有接近10亿用户时，许多保险公司就坐不住了。甚至有人说：“网上用户这么多，我们为什么还要挨家挨户去推销呢?”

平安保险似乎有先见之明，它早在许多年前就开始着力打造“互联网+人工智能+保险”模式。截至2016年年底，平安保险互联网用户已经超过3亿人，虽然不及BAT，但是已经相当惊人。数据显示：平安保险互联网用户规模为3.37亿人，年活跃用户为2.29亿人，公司移动端累计用户为2.22亿人。假如这些用户，每个人购买1元的商业保险，就会为平安保险带来2.22亿元的保险收入。平安保险借助互联网技术力量实现了两个驱动：业务驱动和保险科技驱动。

1. 业务驱动

2017年9月20日，平安保险在“简单生活”大会上推出10大创新服务，这些服务都基于AI技术的创新，比如寿险、产险、养老险、银行、信用卡、证券、财富宝、陆金所、平安普惠、平安好医生。我们可以感受到，AI技术对整个平安保险的推动力是巨大的。互联网创新技术，就是借助互联网打造金融生态。事实上，保险是基础，金融是支柱，健康是发展。平安保险就是将保险、金融、健康板块融为一体，形成一种产业循环链。另外，平安保险借助大数据分析，为实施精准营销提供了可靠依据。

2. 保险科技驱动

马明哲表示：平安保险是国内最早拥抱 Fintech 理念的公司。”什么是 Fintech 呢？Fintech 就是金融科技，它是由 Finance 与 Technology 结合而来的词语。平安科技首席科学家肖京认为，平安保险长期以来一直坚持科技引领金融，现阶段，AI 已经成为平安保险的重要战略。借助 AI 技术，平安保险针对闪赔服务就开发出 3 万多种数字化理赔风险控制规则。平安产险副总经理朱友刚介绍：“2017 年上半年，平安‘智能闪赔’拦截风险渗漏达 30 亿元，全年预计超过 70 亿元。”可以说，互联网技术与 AI 技术不仅帮助平安保险降低了经营风险，还提高了智能理赔速度，给用户带来了更好的服务体验。

平安保险是一家有野心的公司，它逐渐将互联网与 AI 技术运用到保险、金融、医疗、房地产等多个领域。平安保险首席财务官姚波表示，平安科技的运用，不单单在内部子公司，同时也在逐渐向外输出，平安保险希望通过交流，看能否更进一步改变或提升平安保险原有的传统估值模式，不仅仅把平安保险当成一家金融公司或保险公司进行估值。